Christian Q&A
삶을 풀다

| 박종순 지음 |

쿰란출판사

Christian Q&A
삶을 풀다

머리말

'삶'이란 얽힌 실타래처럼 복잡합니다. 그 얽힘은 해법 찾기도 어렵고 요람에서 무덤까지 이어져 질기기도 합니다. 그리스도인의 삶도 다를 바 없지만 해법 찾는 길이 있다는 게 다른 점입니다.

해법의 직답(直答)은 '예수 그리스도'이십니다. 그리고 성경이 숱한 방법들을 제시해주고 있습니다. 그동안 헤아릴 수 없는 물음에 답글을 쓸 때마다 성경을 살피고 연구해야 했던 이유이기도 합니다.

첫 번째 펴낸 상담집은 《신앙생활 119》였고, 두 번째는 《박종순 목사에게 길을 묻다》였고, 세 번째는 《묻고 답하고》였습니다. 성경이 제시하는 정답의 테두리를 벗어나지 않기 위해 최선을 다했습니다.

네 번째 펴내는 상담 모음집은 《삶을 풀다》입니다. 말씀드린 대로 글쓴이가 푸는 게 아니고 성경이 풀어주는 답을 따랐습니다. 얽히고 설킨 인생사와 신앙 전반에 걸친 문제들, 그 해법을 찾고 풀기 위해 힘을 기울였습니다. 그리고 이 졸저가 삶을 푸는 동역자가 되길 바라는 마음을 담아 펴냅니다.

지면을 내준 〈국민일보〉, 책을 펴내준 쿰란출판사, 질문을 보내준 많은 분들 모두모두 감사합니다.

정답은 오직 예수 그리스도!

삶의 바른 길라잡이는 성경!

아멘입니다. 감사합니다.

2025년 8월 한강변에서

박종순 목사

목차

| 머리말 | … 4

 First 키워드 _ 가정생활

〈가정〉

아기 돌잡이 해도 되나요?	16
예배 정상화됐는데 아들은 온라인 예배를 고집합니다	18
불신자 남편, 교회 옮기면 출석하겠다는데	20
교회 중직자 가정 결혼식 준비에 의견이 안 맞습니다	22
며느릿감이 천주교인인데 어떻게 해야 하나요?	24
기일이 되면 누나가 아직도 음식 차려놓고 차례를 지냅니다	26
멋진 결혼식을 위해 어떻게 준비해야 하나요?	28
찬양대 봉사 때문에 초신자 남편과 교회 가는 시간이 다릅니다	30
부친이 월급은 물론 자녀들에게도 돈을 빌려서 헌금하십니다	32
남편이 담임 목사 목회가 마음에 들지 않는다며 교회를 옮기자고 합니다	34

Second 키워드 _ 개인생활

〈일상생활〉

반려견 장례식, 명복 비는 기도 괜찮나요?	38
예수님 실제 모습은 어떤 모습일까요?	40
회개하면 어떤 죄라도 다 용서받을 수 있는지요	42
목회자와 결혼하라는 음성을 기도원에서 들었습니다	44
직장 그만두고 신학대 입학하려고 하는데 어느 곳을 선택해야 할까요?	46
기르고 있는 반려견에 축복기도해도 되나요?	48
죽은 사람의 부활은 가능한가요, 그때의 모습은 어떤 것인가요?	50
회개하면 어떤 죄도 용서받고 천국 가나요? 죽어서 지옥 갔다가 다시 지구로 돌아올 수 있나요?	52
왜 '예수님 이름으로 기도합니다'로 기도를 마무리해야 하나요?	54
출석 교회 권사님의 말 때문에 주변 사람들이 상처받고 있습니다	56
남편 사별 후 슬퍼하는 교인에게 '믿음이 없다'고 말하는 걸 들었습니다	58
기독교를 개신교라고 칭하는데 바른 표현인가요?	60
예수를 존경하지만 부활은 믿지 못하는 친구가 있습니다	62
'모든 것을 버려두고 예수를 따르니라'는 말씀이 가능한가요?	64
교회에 대해 부정적인 친구를 전도하고 싶습니다	66
지난날 지은 죄 때문에 괴롭습니다	68
임직자 훈련 중 들은 '여호수아의 리더십'이 궁금합니다	70
천국은 어떤 곳인지, 누가 들어가는지 궁금합니다	72
예수 믿는 사람들은 '모든 것'을 할 수 있나요?	74

〈성경〉

하나님은 아담이 선악과 따 먹을 것을 아셨을까요?	76
므두셀라는 969세까지 살았다는데 왜 사람의 수명이 짧아졌나요?	78
왜 이스라엘은 남과 북으로 분열되었나요?	80
예수님은 왜 마르다보다 마리아를 칭찬하셨나요?	82
신학자들마다 성경 해석이 달라서 혼란스럽습니다	84
주기도문은 왜 '예수님의 이름으로 기도합니다'로 끝나지 않나요?	86
사도신경에 나오는 빌라도는 어떤 사람인가요?	88
성경을 여러 번 통독해도 아직 이해되지 않는 사건·구절이 많습니다	90
모세는 왜 가나안 땅에 들어가지 못했나요?	92
사울 왕이 무녀를 찾아가 사무엘을 부른 사건이 뭔가요?	94
우상이 구체적으로 무엇인가요?	96
가인은 왜 아벨을 죽였나요?	98
창세기·요한복음의 '태초'는 같은 때인가요?	100
시각장애인을 고치실 때 왜 눈에 진흙 바르고 실로암까지 가게 하셨나요?	102
여호수아에게 주신 "좌로나 우로 치우치지 말라"는 말씀의 의미는 무엇인가요?	104
"새사람을 입으라"고 했는데 무슨 의미인가요?	106
하나님이 말씀으로 천지를 창조하셨다는데 그게 가능한가요?	108
요나는 왜 하나님이 가라는 니느웨로 안 가고 다시스로 갔나요?	110
창세기 1장 26절에 나오는 '우리'는 누구인가요?	112
"영과 진리로 예배할지니라"는 말씀의 의미는 무엇인가요?	114
모세의 지팡이가 어떻게 하나님의 지팡이가 될 수 있나요?	116
요나가 물고기 뱃속에서 사흘 살았다는 게 사실인가요?	118
아가서를 읽었는데 하나님 이름이 한 번도 언급되지 않습니다	120

성경에 나오는 '남은 자'는 누구이며, 무슨 의미인가요?   122
성경이 말하는 '새로운 피조물'이란 어떤 의미인가요?   124
성령을 훼방하는 죄는 왜 사함을 받지 못하나요?   126
성경에 '하지 말라'는 말씀이 많은데 지나친 규제 아닌가요?   128
소돔과 고모라가 멸망한 이유는 무엇인가요?   130
"해가 지도록 분을 품지 말라"는 말씀의 뜻은 무엇인가요?   132
부모에게 '순종하라'와 '공경하라'의 차이는 무엇인가요?   134
베드로는 자신에게 절하려던 고넬료를 왜 만류했나요?   136
히브리서에서 예수를 '큰 대제사장'으로 기록한 이유는 무엇인가요?   138
'어린양의 피에 그 옷을 씻어 희게 하였다'는 말씀의 뜻은 무엇인가요?   140
선지자 엘리야와 세례 요한은 어떤 공통점이 있나요?   142
야곱이 에서에게 "형님 얼굴이 하나님의 얼굴 같다"고 말한 이유는
무엇인가요?   144
야곱이 천사와 씨름하고 이겼다는데 가능한가요?   146
베드로에게 천국 열쇠를 주신다고 했는데, 잠금장치가 있나요?   148
300명 기드온 용사가 미디안 군대를 물리친 게 가능한가요?   150
베드로는 예수님을 어떻게 세 번이나 부인했을까요?   152
부활한 몸이 음식을 먹을 수 있나요?   154
이 땅에 예수님이 오신 목적은 무엇인가요?   156
성경이 정한 왕의 자격이란?   158

〈진리 분별〉

기도원이 도피성 피난처인가요?   160
출석하는 교회 목사님이 이단은 만나지도 말라고 하십니다   162

예수님이 재림했다는 게 사실이 아니라면 재림의 시기는 언제인가요?	164
매일 하나님과 직접 대화하고 계시를 받는다는 사람이 있습니다	166
'병은 기도로 고쳐야 한다'며 안수기도를 받으라는 사람이 있습니다	168
직통계시를 받았다며 하나님 말씀을 전하는 사람이 있습니다	170
믿음으로 기도하면 모든 병을 다 고칠 수 있나요?	172
청년 수련회 강사가 남북통일이 금방 될 거라며 준비하라고 합니다	174
한번 구원받으면 모든 죄 사해지고 이후 범죄는 죄가 되지 않나요?	176

 Third 키워드 _ 교회생활

〈예배〉

성가대·찬양대 중 맞는 용어는?	180
기도할 때 "하나님 짱이야"라는 표현 괜찮나요?	182
설교자의 의상이 궁금합니다	184
예배 시간에 커피 들고 와도 괜찮나요?	186
출석 교회에서 주일 1·2부 예배만 드리고 다양한 교육 과정을 진행하는데…	188
예배를 '본다'와 '드린다', '성가대'와 '찬양대' 중 바른 표현은?	190
장로 임직 3년 차인데 주일 예배 대표기도가 부담으로 느껴집니다	192
반려동물이 주인과 함께 교회에 나와 예배드릴 수 있나요?	194
파리올림픽 때 장로님이 올림픽을 위해 대표로 기도하는데…	196
부흥회에서 강사 설교 끝난 뒤 담임 목사가 반복 설교를 합니다	198
임직식 축도가 대표기도만큼 길던데…	200

〈봉사〉

교회 사역이 많아 부담스럽습니다   202
항존직 임직식을 앞두고 행사를 위한 일정액 부담을 요구하는데…   204
권사이니 주중 이틀을 교회 봉사하라는데 사업 운영으로 부담스럽습니다   206

〈선교〉

해외 단기선교, 비용도 만만치 않은데 꼭 필요한가요?   208
교회 단기선교에 어떤 성도는 10대 자녀들을 데리고 갑니다   210
단기선교팀이 선교지 인근 국가를 관광한 것이 교회에서 논란이
되고 있습니다   212

〈목회자〉

신대원 졸업 후 진로가 고민입니다   214
담임목회 10년 차인데 허약체질이라 운동을 하라는데…   216
목회자 친구가 약속을 지키지 않아 신뢰를 잃고 있습니다   218
교회에 부임해 목회를 시작하는데 어떤 자세로 해야 할까요?   220
진보 계열 신학교를 나와 목회 중 보수적인 교인들과 갈등이 심합니다   222
54세에 목사 안수 받고 교회 개척 하는데 어떤 목회를 해야 할까요?   224
담임 목사가 위임 5년 만에 대도시 큰 교회로 옮겨갔습니다   226
목회자 모임에서 'AI 목회 도입' 놓고 의견이 갈리는데…   228
50대 목회자인데 건강·취미 위해 자전거 타라는 조언을 받았습니다   230
직장 생활 하다 부르심받고 신대원 입학했는데 가족이 그만두라 합니다   232

〈목회 운영〉

사군자 식물에 성서적 의미가 있나요? … 234
성전 신축을 위해 설계 중인데 십자가 탑 높이로 의견이 갈리고 있습니다 … 236
교회 재정을 저축하고 증식해 늘리자는 의견 있습니다 … 238
노후화된 영상 장비 교체를 놓고 교회 내 의견 갈립니다 … 240
담임목사는 영적 지도자인데 청빙을 신문 광고로 해도 되나요? … 242
당회에서 예배에 늦는 교인들에 대해 논의 중인데… … 244
개척교회 자립이 어려워 카페를 운영하는데 이중직 사역으로
문제가 될까요? … 246
최근 교회 청년들이 소문난 큰 교회로 떠나 마음 불편합니다 … 248
결산과 새해 목회 계획을 세우는 당회를 '정책 당회'라 해도 되나요? … 250
50년 목회한 목사님 기념 행사를 '희년 감사'로 표현해도 되나요? … 252
교회에서 설교 강단을 지성소라 부르며 신을 벗도록 합니다 … 254
교회 공사 때 십자가를 옮기고 그 자리에 대형 스크린을 설치했습니다 … 256
교회명 변경을 논의 중인데, 찬반 의견에 결정이 어렵습니다 … 258
예배 인도 때 목사 가운 대신 박사학위 가운 입어도 될까요? … 260

〈설교〉

졸업반 신학생인데 바른 설교 용어가 고민됩니다 … 262
출석 교회 목사님이 설교 때 원고 대신 아이패드를 사용하십니다 … 264
교수 출신 담임 목사 설교가 너무 어렵습니다 … 266
'설교에 목숨 걸라'고 하는데 왜, 어떻게 목숨을 걸어야 하나요? … 268
목회 중 설교가 가장 힘든데 챗 GPT로 만들어도 되나요? … 270
목사님이 전도를 강조하는데 시기적으로 맞지 않는다는 생각이 듭니다 … 272

인공지능을 활용해 얻은 정보로 설교 준비해도 되나요?	274
기독교를 전하거나 믿으라고 강요하지 말라는데…	276

Fourth 키워드 _ 사회생활

〈사회〉

은퇴했는데 주식투자 어떨까요?	280
술자리가 곤혹스럽습니다	282
직장상사가 기독교인인데 자기중심적입니다	284
크리스천 연예인이 고사 지내거나 목탁 두드리는 모습 보이는데…	286
대중 식당에서 교인들이 큰 소리로 떠드는데…	288
안수집사지만 회사 골프 모임으로 주일 못 지키고 봉사가 어렵습니다	290
배우가 꿈인데 승려 배역을 맡게 된다면 어떻게 해야 하나요?	292
기독 정치인들이 선거철에 사찰에 가는 게 괜찮은가요?	294
약사가 되어 많은 사람 돕고 싶은데 어떤 자세로 기도해야 하나요?	296
형편상 주일 성수 못하고 가게 문 여는 게 마음에 걸립니다	298
야곱이 하란에서 재산을 증식한 방법에 문제는 없나요?	300
내과의사인데 주일에 응급환자 돌봐야 할 때 주일 성수가 고민됩니다	302
프로 골퍼로서 대회가 주말에 열리다 보니 주일 성수가 어렵습니다	304
신입 사원은 어떤 각오로 직장 생활을 해야 하나요?	306

First 키워드

가정생활

가정

아기 돌잡이 해도 되나요?

Q 기독교인이 아기 돌잔치 때 돌잡이를 해도 되는지요.

A 옛날 의학이 발달되지 못했을 때 신생아가 일 년을 무사히 넘긴 기쁨을 함께 나누기 위해 돌잔치를 했다고 합니다. 우리나라의 경우는 조선 시대에 돌잔치가 있었고, 중국은 육조시대에 돌잔치가 있었다고 합니다. 일가친척이 모여 아이의 건강을 빌고 축하하는 모임이 돌잔치입니다.

돌잡이란 돌을 맞은 아이 앞에 여러 가지 물건을 차려놓고 그중 하나를 고르게 하는 것입니다. 실은 장수, 대추는 번성, 돈은 부자, 책은 학자, 공은 운동선수, 복주머니는 다복성공. 요즘은 청진기는 의사, 계산기는 은행원, 마이크는 가수 등 돌잡이 차림이 다양해졌습니다. 돌잔치를 마련해 주고 돌잡이 용품을 대여하는 전문업체도 있다고 합니다.

그러나 그것은 하나의 전래풍속일 뿐 큰 의미도, 실현 가능성도 없습니다. 돌잡이에 절대적 의미나 신뢰를 두는 것은 잘못입니다. 타고나는 재능이 있지만 대부분 직업은 후천적 노력과 선택으로 정해집니다. 다시 말하면, 돈을 집었기 때문에 반드시 부자가 되는 것이 아니고, 공을 집었기 때문에 운동선수가 되는 것이 아니라는 것입니다.

　기독교인은 올바른 신앙교육에 관심을 두어야 합니다. 돌잡이에서 무엇을 집어 들었는가가 중요한 것이 아니라 가정교육과 신앙교육이 그 아이의 장래를 결정하기 때문입니다.

　교육전문가들은 작은 나라 소수민족인 유대인들이 노벨상 수상자의 22퍼센트를 차지하고 정치, 경제, 교육, 예술 분야에서 이름을 떨치는 이유는 그들의 가정교육 때문이라고 말합니다. 조기교육 열풍이 일고 있습니다. 그러나 바른 사람을 키워내는 바른 길은 신앙교육입니다.

　돌잔치 자체를 탓할 필요는 없습니다. 돌잡이에 관심을 둘 필요도 없습니다. 생명을 주시고 지켜주신 하나님께 감사드리고, 아이가 믿음의 사람으로 자라도록 가르치는 것이 부모가 져야 할 책임입니다.

> 가정

예배 정상화됐는데 아들은 온라인 예배를 고집합니다

Q 안수집사 가정입니다. 비대면이 풀리고 교회 예배가 정상화되었는데 대학에 다니는 아들이 온라인으로 예배를 드리겠다고 합니다.

A 코로나19는 우리네 일상과 신앙생활을 바꿨습니다. 그동안 코로나를 핑계로 온라인 예배가 정당화되는가 하면, 그로 인한 부정적 결과도 만만치 않습니다.

그동안 교회 예배와 모임을 제한한 것은 정부였고, 교인더러 나오지 말라고 한 것은 교회였습니다. 그리고 그런 상황이 2년을 넘기면서 온라인 예배가 정착되고 예찬론이 머리를 들기 시작했습니다.

어떤 목회자가 40대 교인에게 "교회 나오시지요"라며 전화를 걸었습니다. 그의 대답은 "온라인으로 예배드리겠습니다. 헌금도 온라인으로 보내겠습니다. 언제는 나오지 말라더니 이제는 나오라고 하십니까?"였다고 합니다. 자승자박이라는 사자성어가 떠오릅니다.

대면예배로의 전환은 당연합니다. 하지만 온라인에 익숙한 세대들을 어떻게 교회로 돌아오게 할 수 있을 것인가? 교회가 풀어야 할 큰 과제입니다. 이대로 가다간 예배당은 빈 공간으로 바뀌고 온라인 교회 목회자가 늘어날 것입니다. 그리고 온라인 교회로의 쏠림 현상이 두드러지게 될 것입니다.

　얼굴을 대하고 함께 떡을 떼는 교회 공동체는 축소되고, 온라인으로 예배하고 설교 듣고 헌금하고 교제하는 온라인 교회가 확대될 것입니다.

　그러나 교회는 대면 공동체이고, 인간의 삶도 대면이 전제되어야 합니다. 남편은 부산에 살고 아내는 서울에 살면서 온라인만으로 긴 세월 부부의 정을 나눈다면 부부 관계일 수 없는 것과 같은 이치입니다.

　TV에 방영되는 요리로는 칼로리 섭취가 불가능합니다. 그것은 그냥 그림일 뿐입니다. 영과 진리로 드리는 예배, 예배 처소에 나와 드리는 예배가 회복되어야 합니다.

　아들과 깊은 대화를 통해 설득이 이루어지길 바랍니다.

가정

불신자 남편, 교회 옮기면 출석하겠다는데

Q 남편은 대학교수입니다. 7년째 남편의 영혼구원을 위해 기도하고 있는데 최근 제가 다니고 있는 A교회 말고 B교회로 옮기면 나가겠다고 합니다.

A 변화가 오기 시작했군요. '나가겠다'는 데 단서가 붙긴 했지만 긍정적 변화로 볼 수 있습니다.

문제는 '다른 교회로 옮기면'이라는 말처럼 조건부라는 데 있습니다. 우선 진의 파악이 중요할 것 같습니다.

첫째, A교회에 대한 편견이나 오해 때문일 수 있습니다. 요즘 지성인들 사이에선 교회에 대한 오해와 편견이 대세입니다. A교회를 문제 교회로 보기 때문일 수도 있고, 둘째, 핑계일 수도 있습니다. 아내가 다니는 교회를 떠나 B교회로 가자는 구실로 아내의 집요한 강권을 피하려는 구실일 수도 있고, 셋째, 아내의 처신을 확인하려는 의도일 수도 있습니다. 다니는 A교회를 떠나 옮길 수 있을 것인가, 남편 말을 따를 것인가를 확인하려는 시도일 수도 있습니다.

이렇게 대응해 보십시오.

첫째, 함께 B교회로 나가자고 하십시오. A교회 목사님과 B교회 목사님께 전후 사정을 미리 말씀드리고 이해와 도움을 부탁하십시오.

둘째, 그보다 더 중요한 것은 남편이 보는 아내의 삶과 태도입니다. 천사 칭송은 받지 않더라도 "당신은 좋은 아내야, 사랑받을 자격이 있어, 좋은 엄마야"라는 칭찬을 받도록 자신의 삶을 관리하십시오. 반대로 "예수는 존경해, 하지만 당신이 믿는다는 예수도 싫고 다니는 교회는 더 싫어"라는 악평을 만들지 마십시오.

셋째, 계속 기도하십시오. 인간의 영혼을 움직이시는 분은 하나님이시고, 구원의 길로 이끄시는 분도 하나님이십니다. 하나님의 주도와 섭리를 굳게 믿고 계속 기도하십시오.

넷째, 남편의 영혼을 진심으로 사랑하십시오. 영혼 구원은 그 영혼을 진심으로 사랑할 때 이루어집니다. 추호라도 불평스럽거나 불편한 마음이 자리 잡으면 영혼 구원을 위한 기도가 성립되지 않습니다. 남편의 영혼을 사랑하십시오.

남편 구원을 위해 간절한 기도를 드리십시오. 반드시 응답이 있을 것입니다.

가정

교회 중직자 가정 결혼식 준비에
의견이 안 맞습니다

Q 7년 교제한 남친과의 결혼을 앞두고 있습니다. 양가 모두 교회 중직자 가정입니다. 그런데 결혼식 준비에 의견이 엇갈리고 있습니다.

A 결혼을 축하하고, 행복한 가정 이루기를 바랍니다.

결혼식 준비보다 중요한 것은 결혼 생활 준비입니다. 결혼식은 결혼을 공인하는 절차이고 결혼생활의 출발입니다. 어떤 부부가 될 것인가, 어떤 가정을 이룰 것인가에 대한 섬세한 준비가 이뤄져야 합니다. 결혼식 날짜, 혼수품, 장소, 주례, 예식 절차, 피로연, 하객 초청 범위, 신혼여행, 신혼집 준비 등이 필요하지만 결혼 생활보다 중요하진 않습니다.

양가가 교회 중직자 가정이라면 기도 준비가 우선입니다. 그리고 식장은 교회로, 주례자는 선배, 은사, 명사보다는 목사님으로 정하는 게 좋습니다. 신령한 축복이 가능하기 때문입니다.

그리고 예식 절차는 교회가 정한 절차를 따라 진행하는 게 바람직합니다. 피로연도 중직자 가정에 걸맞도록 준비하십시오. 모든 준비는 결혼 당사자와 양가의 합의와 동의로 진행하되 품위와 경건을 지켜야 합니다.

최초의 결혼식은 에덴동산 결혼식입니다. 신랑은 아담, 신부는 하와, 결혼식장은 에덴동산, 주례는 하나님이셨고, 주례사의 요점은 '한 몸이 되라, 사랑하라'였습니다.

제 경우 수많은 결혼식을 주례할 때마다 반드시 언급하는 주례사의 요점이 있습니다.

① 선택을 책임져라.
② 하나님을 신뢰하고 서로를 신뢰하라.
③ 사랑하라.
④ 함께하라.

결혼식 때문에 결혼 생활에 문제가 일어나지 않도록 하십시오. 결혼은 둘이 하나 되는 출발점입니다. 결혼은 조건이 아닙니다. 삶입니다. 조건 때문에 결혼 생활에 금이 가는 사람들이 더러 있는 것은 바람직한 일이 아닙니다.

결혼식은 잠깐이지만 결혼 생활은 '길게, 멀리, 아름답게'라야 합니다. 이견을 좁히십시오. 서로 한 발씩 물러서십시오. 물러서면 전체를 볼 수 있게 된답니다.

> 가정

며느릿감이 천주교인인데 어떻게 해야 하나요?

Q 교회 시무장로입니다. 아들과 결혼하게 될 며느릿감이 천주교인입니다.

A 인성과 삶의 자세와 함께 신앙이 중요합니다. 결혼 후 기독교인이 되고 시댁 가족과 함께 교회에 다닐 것인지에 대한 확인이 전제되어야 합니다.

만일 결혼은 하지만 천주교는 떠날 수 없다면 그런 종교적 신념이 부부 생활이나 가족 관계에도 영향을 미치게 될 것입니다. 하지만 결혼 전이라도 함께 교회에 출석하고 예수 그리스도를 구주로 영접하겠다면 문제 될 게 없습니다.

종교개혁자들이나 기독교 신학자들 가운데 천주교 신학이나 교리의 문제점을 지적하는 이들이 많습니다. 동상, 조형물, 초상화 등 형상 숭배, 교황무오설, 마리아 숭배, 행위구원, 십계명의 1, 2계명 변형 등 기독교와 다른 교리가 수두룩합니다.

교회를 다녀도 구원의 확신이 없는 사람이 있을 수 있습니다. 그러나 구원 교리 자체에 오류가 있다면 바른 구원신앙의 확립이 어렵습니다.

물론 천주교인들 가운데 개인적으로 구원의 확신이나 성령님의 은사를 체험한 사람들도 있습니다. 그러나 믿음으로 구원받는다는 복음의 원리를 떠나 행위로 구원받는다는 교리를 따르는 한 구원에 이르는 것은 어렵습니다.

먼저 아들과 진솔한 대화를 나누십시오. 무조건 그녀와 결혼하겠다는 입장이라면 신앙 문제는 제외한 자세입니다. 그러나 대화가 가능하다면 왜 신앙의 공통분모가 필요한지, 그것이 가정 공동체 형성에 얼마나 중요한지 얘기를 나누십시오. 그 후에 아들의 여친과 대화를 나누고 진의를 파악하십시오. 묵묵부답이거나 종교를 바꿀 수 없다면 아들이 교회를 떠나 천주교로 갈 순 없지 않습니까? 순순히 결혼 후에 남편과 함께 교회 생활 하겠다는 다짐이 가능하다면 걱정하지 않아도 됩니다.

천주교와의 대화가 계속 논의되고 있지만 신학이나 교리의 일치는 불가능합니다. 마르틴 루터의 종교개혁 이후 지금까지 천주교와의 일치는 불가능했고, 앞으로도 그럴 것입니다.

결혼은 둘이 하나 되는 것입니다. 종교, 신앙 때문에 둘이 평행선을 긋는다면 결혼생활이 어려워집니다. 부부는 함께하는 것이 창조의 질서이고 행복의 조건입니다.

가정

기일이 되면 누나가 아직도 음식 차려놓고 차례를 지냅니다

Q 교회 다니면서부터 제사를 추모예배로 대체했습니다. 그렇지만 누님이 기일이 되면 음식을 차려놓고 차례를 지냅니다.

A 구약 시대에는 여러 종류의 제사가 있었습니다. 대표적인 제사는 번제, 소제, 화목제, 속죄제, 속건제 등입니다. 구약의 경우 모든 제사의 대상은 하나님이시고, 제사 방법도 하나님이 제정하신 방법을 따라 드렸습니다.

조상 제사는 대상이 죽은 사람이고, 방법도 임의로 만든 것입니다. 그래서 성경이 말하는 제사와 조상 제사는 동일하지 않습니다.

몇 가지를 조언하겠습니다.

첫째, 예배의 용어 사용 문제입니다. 구약 제사가 하나님께 드리는 제사였던 것처럼 예배의 대상도 하나님이십니다. 행사와 예배, 예식과 예배는 구별되어야 합니다. 사람을 위한 행사에 예배라는 용어를 사용하는 것은 옳지 않습니다. 추모예배가 아니고 추모식이라야 합니다.

둘째, 생존 시 효도해야 합니다. 이미 세상을 떠난 이들에게 제사나 추모 행위는 무의미합니다. 살아 있는 동안의 효도가 세상 떠난 뒤의 거창한 제사보다 더 귀하고 유의미합니다. 생존 시 불효하던 사람이 속죄하는 심정과 전통 때문에 제사한다면 효와는 무관합니다.

셋째, 누나를 그리스도인이 되게 하십시오. 세상 떠난 부모를 기억하는 누나의 정성이 귀합니다. 누나가 예수님을 영접하고 함께 추모하고 영원한 나라를 소망할 수 있도록 복음을 전하십시오.

넷째, 평소 부모님의 은혜와 덕을 기리고 따르는 데 최선을 다하십시오. 추모보다 더 소중한 것은 부모님의 삶과 가르침을 가슴에 담는 것입니다.

다섯째, 하나님께 산 제사를 드리십시오. "너희 몸을 하나님이 기뻐하시는 거룩한 산 제물로 드리라 이는 너희가 드릴 영적 예배니라"(롬 12:1). "순종이 제사보다 낫고 듣는 것이 숫양의 기름보다 나으니"(삼상 15:22).

하나님의 말씀을 순종하고 나 자신을 드리는 산 제사, 영적 예배를 날마다 드리기 위해 노력하십시오.

가정

멋진 결혼식을 위해 어떻게 준비해야 하나요?

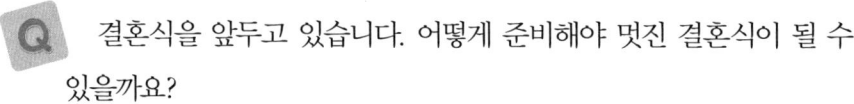
결혼식을 앞두고 있습니다. 어떻게 준비해야 멋진 결혼식이 될 수 있을까요?

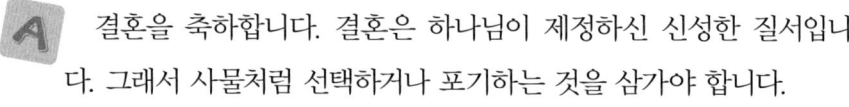
결혼을 축하합니다. 결혼은 하나님이 제정하신 신성한 질서입니다. 그래서 사물처럼 선택하거나 포기하는 것을 삼가야 합니다.

답을 드립니다.

첫째, 결혼식보다 결혼을 준비하십시오.

최근 결혼식 풍속도가 많이 바뀌고 있습니다. 주례 없는 결혼식, 가족 친지들만 초청하는 조촐한 결혼식, 예식장이 아닌 가정이나 야외 결혼식 등입니다.

예식장 결혼식의 경우 비용이 만만치 않습니다. 웨딩홀, 신부화장, 웨딩드레스, 식사, 폐백 비용 등 편차가 있겠지만 고비용이 들어가야 합니다. 교인의 경우 장소는 교회, 주례는 목회자, 시간은 일과가 끝난 후가 좋습니다.

그러나 결혼식 준비보다 중요한 것은 결혼 준비입니다. 화려하고 웅장한 결혼식보다 평생을 함께할 결혼을 준비해야 합니다. 한 번으로 끝나는 결혼식 때문에 양가나 두 사람의 의견이 충돌하는 경우가 일어나기도 합니다. 결혼식은 결혼의 공적 증빙일 뿐입니다.

둘째, 결혼의 신앙 가치를 확인하십시오.

성경이 말하는 결혼은 한 남자와 한 여자로 성립됩니다. 둘이 하나 되는 연합이고 한 몸 됨입니다. 그리고 일회적일 때 가장 바람직합니다.

결혼은 자신의 선택으로 성립됩니다. 배필을 선택한 이유도, 책임도 자신에게 있습니다. 결혼 생활에 남 탓이 끼어들기 시작하면 어려워집니다. 선택에 대한 책임은 전적으로 나에게 있어야 합니다.

결혼 생활은 사랑과 신뢰로 이뤄져야 합니다. 조건과 조건의 만남일 경우 조건충족에 변수가 일어나면 격랑을 겪게 됩니다. 결혼 조건이 물량적인 데로 기울면 다툼과 갈등이 발발하게 됩니다. 그러나 신앙의 가치를 확인하고 그 기초 위에 세운 가정이라면 크고 작은 외풍을 막아내고 스위트 홈을 세울 수 있습니다.

뜻깊고 진정성 가득한 결혼식을 준비하십시오. 그리고 결혼식 이후의 삶이 더 풍요롭고 행복하도록 하십시오.

신앙 가정, 행복한 가정 이루십시오.

가정

찬양대 봉사 때문에 초신자 남편과 교회 가는 시간이 다릅니다

Q 불교 집안이던 남편이 친구 전도로 교회에 나가기 시작했습니다. 그런데 저는 찬양대 봉사를 하기 때문에 먼저 교회에 나가야 합니다.

A 초신자가 혼자 교회를 나오는 것은 쉽지 않습니다. 그렇다고 친구가 매번 동행할 수도 없을 것입니다. 그렇다면 부부가 함께해야 합니다. 남편이 구원의 확신을 갖기까지, 그리고 스스로 설 수 있을 때까지 부인이 동행 책임을 져야 합니다. 개인차가 있지만 초신자가 교회 생활에 익숙해지기까진 인내와 돌봄이 필요합니다. 찬양대 책임자에게 사정을 얘기하고 남편 돕는 일에 전력하십시오. 남편의 신앙이 성장한 후 교회 섬기는 일을 함께할 수 있도록 기도하십시오. 남편의 영혼 구원과 돌봄을 찬양대 봉사보다 우선순위에 두십시오.

부인이 노력해야 할 몇 가지를 말씀드립니다.

첫째, 배려하십시오. 교회 출석을 시작했지만 남편의 경우 모든 게 생소합니다. 양육자의 자세로 내조하고 모범을 보이십시오. 다투거나 감정 충돌을 피하고 사랑과 덕으로 감싸십시오. "교회는 좋아 보이는데 당신은 싫다"라는 역반응이 일어나지 않게 하십시오.

둘째, 건강하고 유익한 만남을 주선하십시오. 초신자는 사람 때문에 상처받기 쉬운 여린 나무입니다. 대인관계를 차별할 필요는 없겠지만 유익하고 건강한 친구들과 교제하도록 하십시오. 사람 때문에 손해 보는 일이 없어야 하니까요.

셋째, 성경공부를 시작하도록 도우십시오. 성경을 함께 읽고 초신자가 참여할 수 있는 성경공부를 안내하십시오. 성경은 하나님의 말씀이어서 사람을 변화시키는 능력이 있으니까요.

넷째, 가정예배를 드리십시오. 적당한 때를 정하고 가족들이 둘러앉아 찬송하고 성경 읽고 서로를 위해 기도하는 시간을 마련하십시오. 단, 지루하다, 귀찮다는 핑계가 일어나지 않도록 세심하게 배려하십시오.

다섯째, 담임 목사님을 만나도록 주선하십시오. 교회에 정착하고 신앙이 뿌리내리는 좋은 기회가 될 것입니다.

여섯째, 남편을 위한 특별 기도를 시작하십시오. 남편의 영혼이 구원받고 곧게 자라 쓰임받는 나무가 되게 해달라고, 함께 하나님의 나라와 그 의를 위해 일할 수 있게 해달라고, 그리고 다른 사람들의 영혼을 구원하고 돌보는 거룩한 사역을 감당할 수 있게 해달라고 기도하십시오. 그런 날이 빠르게 임하길 바랍니다.

가정

부친이 월급은 물론 자녀들에게도 돈을 빌려서 헌금하십니다

Q 제 부친께서는 직장에서 받는 월급을 헌금하시고 자녀들에게 빌려서 헌금하십니다. 과하다는 생각이 듭니다.

A 바울이 고린도교회에 보낸 서신에서 밝힌 헌금의 원리는 미리 준비하라, 인색함이나 억지로 하지 말라, 즐겁게 드리라, 너그럽게 하라, 하나님께 영광을 돌리고 감사하라는 것입니다(고후 9장).

헌금은 강요할 수도 없고, 강요당해도 안 됩니다. 헌금은 하나님께 영광을 돌리고 받은 은혜를 감사함으로 드려야 합니다.

하나님의 은혜는 헤아릴 수 없습니다. 시인은 "내게 주신 모든 은혜를 내가 여호와께 무엇으로 보답할까"(시 116:12)라고 했고, 바울은 "그 너비와 길이와 높이와 깊이가 어떠함을 깨달아 하나님의 모든 충만하신 것으로 너희에게 충만하게 하시기를 구하노라"(엡 3:19)라고 했습니다. 그리고 "범사에 감사하라"(살전 5:18)라고 했습니다.

헌금은 감사로 드리는 것이어야 하고, 조건에 대한 보답이 아닙니다. 부친의 헌금생활은 귀감이지 탓할 일은 아닙니다. 물론 가정 형편이나 살림을 제치고 헌금하는 탓으로 가계가 어렵다든지 부부간에 갈등이 잦아진다면 재고할 필요가 있습니다. 그러나 그런 이유가 아니라면 부친의 드리는 삶을 닮도록 하십시오. 드리고 나누는 삶은 모든 그리스도인의 실천 덕목이어야 합니다.

정한 헌금 때문에 자녀들에게 헌금을 빌릴 순 있겠지만 자녀들이 드리고 나누는 삶을 따르고 실천한다면 굳이 자녀들의 돈을 빌릴 필요가 없을 것입니다. 부친의 직장 수입이 많지 않으리라 봅니다. 그렇다면 헌금으로 빈자리를 자녀들이 채워드리는 것도 멋진 효도가 될 것입니다.

치유받은 열 명의 나환자가 있었습니다. 제사장에게 나병 치유를 확인하러 가다가 완치를 확인했습니다. 그리고 사마리아인 한 사람만 되돌아와 감사했습니다. 예수님은 "그 아홉은 어디 있느냐"라며 감사를 외면한 아홉을 찾으셨습니다(눅 17:17).

내가 받은 은혜는 갚을 길이 없는 한량없는 은혜입니다. 그리고 결정적 감사는 나를 드리는 것입니다. 부친의 신앙과 삶을 배우고 따르십시오.

> 가정

남편이 담임 목사 목회가 마음에 들지 않는다며 교회를 옮기자고 합니다

Q 담임 목사님 목회가 마음에 들지 않는다며 남편이 교회를 옮기자고 합니다. 남편은 안수집사이고, 저는 권사입니다.

A 목회자에게 위임된 사역을 목회라고 합니다. 그러나 목회의 분야가 넓고 큰 탓으로 목회자 한 사람만의 역량으로 목회를 책임지는 것은 어렵습니다. 목회자의 사역은 설교, 상담, 행정, 교육 등 다양합니다. 목회를 돕기 위해 분야별로 부교역자가 동역하는가 하면, 적재적소에 평신도의 자원이 동원되기도 합니다.

안수집사와 권사는 출석하고 있는 교회를 섬기기 위해 임직된 항존직입니다. 위에서 말씀드린 대로 목회는 다양한 분야를 다루기 때문에 마음에 들지 않는 부분이 목회 전반인지, 아니면 특정한 부분인지를 먼저 구분해야 합니다.

설교를 예로 들어보겠습니다. 설교는 성경의 재해석이며 하나님 말씀의 선포입니다. 그래서 좋다 나쁘다, 잘한다 못한다, 내 마음에 든다 들지 않는다로 평가할 수 없습니다. 그 말씀을 받을 것인가 안 받을 것인가, 그 말씀을 실천할 것인가 거부할 것인가가 먼저 검토되어야 합니다. 그렇다고 설교자의 책임이 없다는 것은 아닙니다. 설교자는 무한책임을 져야 하고, 하나님의 말씀을 옳고 바르게 선포해야 합니다.

교회 행정의 경우도 내 맘에 들지 않는다가 평가의 기준이 될 수 없습니다. 성경적인가, 교회에 유익한가가 목회 행정 평가의 기준이 되어야 합니다. 내 맘엔 안 들지만 다른 사람들 마음에 든다면 문제가 될 수 없습니다. 다시 말하면, 내가 평가의 기준이 되는 것은 잘못입니다.

일방적으로 지지하고 따르던 목회 시대는 지났습니다. 설교의 경우도 예외가 아닙니다. 다양한 목회 정보가 공개되고 누구나 공유할 수 있는 시대를 살고 있는 탓으로, 목회자 한 사람의 결단으로 일궈나가는 것이 어려워졌습니다. 목회자의 각성과 다짐이 필요합니다.

목사님의 목회를 긍정적으로 이해하고 협력자가 되십시오. 하루빨리 마음을 정돈하고 적극적으로 교회를 섬기는 항존직이 되십시오.

Second 키워드

개
인
생
활

⋮

일상생활

반려견 장례식, 명복 비는 기도 괜찮나요?

Q 친구네에서 키우던 반려견이 죽었습니다. 장례식을 사람 장례식처럼 치르고 명복을 비는 기도도 했다고 합니다.

A 사람이나 동물에게는 생존권과 보호받을 권리가 있습니다. 그러나 사람과 동물을 동일 가치로 보는 것은 잘못입니다. 동물의 경우 과보호도, 학대도 바람직하지 않습니다. 전 세계적으로 반려동물 시장규모가 천문학적 규모로 불어나고 있습니다. 우리나라의 경우 시장규모가 5조 원이 넘고, 반려인구도 1천5백만에 이른다고 합니다. 여러 가지 이유가 있겠지만 1인 가구의 증가와도 맞물려 있다고 합니다.

반려견의 경우 경비가 만만치 않습니다. 품종 따라 다르지만 견당 구입비가 수백만 원을 넘고 관리, 양육비도 비싼 값을 지불해야 합니다. 전문병원, 의상실, 미용실, 드라이룸, 샤워룸, 액세서리, 식품 마트, 유치원, 장례식장 등이 성업 중이라고 합니다. 외국의 경우 생일 파티나 결혼식도 해줍니다. 반려견 장례식은 화장, 매장이 가능하고 전문업체가 절차를 따라 진행해 줍니다. 고급견일수록 장례 비용이 많이 든다고 합니다.

그러나 동물은 인격적 존재가 아닙니다. 그리스도인들이 지켜야 할 기본 원리가 있습니다.

첫째, 하나님을 사랑하고 경외하는 것입니다.

둘째, 올바른 인간관계를 맺고 지키는 것입니다.

셋째, 하나님이 지으신 세상과 피조물들을 바르게 관리하는 것입니다. 피조물과의 관계를 핑계로 하나님을 멀리하는 것, 사람보다 동물이나 물질의 가치를 높이는 것은 잘못입니다.

'명복'은 저승에서 받는 복이라는 뜻입니다. 상가 조문 시 위로의 말로 "삼가 고인의 명복을 빈다"라고 합니다. 기독교 용어도 아니고 더욱이 반려견의 명복을 빈다는 것은 전혀 무의미합니다. 더 이상 유기견도 없어야 하고, 반려견이 인격화되는 일도 없어야 합니다. 정든 애완견이라도 도를 넘는 허례허식은 삼가는 게 옳습니다.

일상생활

예수님의 실제 모습은 어떤 모습일까요?

 예수님의 실제 모습은 어떤 모습일까요?

 알 수 없습니다. 우리 가운데 예수님을 직접 대면한 사람이 없기 때문입니다.

단, 실제 대면했던 사람들이 남긴 기록과 전승으로 예수님의 모습을 이해할 수 있습니다. 그리고 장차 영원한 나라에서 직접 뵙게 될 때 실제 모습을 확인하게 될 것입니다.

예수님을 만났다, 천국을 다녀왔다는 사람들이 있습니다. 그러나 그것은 개인적 경험일 뿐 공적 의미나 가치를 인정할 순 없습니다. 우리는 성경이 밝히는 모습을 이해하고 신뢰하는 것이 바른 자세입니다.

첫째, 어린양의 모습입니다. "세상 죄를 지고 가는 하나님의 어린양"(요 1:29)이라고 했습니다. 어린양은 구약 제사에서는 속죄 제물이었고, 예수님께서 인간의 죄를 대속하시기 위해 속죄의 희생 제물이 되실 것을 예표하고 있습니다.

둘째, 엄격한 모습입니다. 성전에서 소와 양과 비둘기 파는 사람들, 그리고 돈 바꾸는 사람들을 내쫓으시고 상을 엎으셨습니다(요

2:15). 어린양의 모습이 아닙니다. "화 있을진저 외식하는 서기관들과 바리새인들이여"라며 주저 없이 그들의 외식을 책망하셨습니다(마 23:15~36). 책망의 자세나 내용이 추상같습니다. 이 역시 어린양의 모습이 아닙니다.

셋째, 고민하는 모습입니다. 십자가를 앞에 두신 예수님의 겟세마네 동산의 기도는 고민하는 모습을 그대로 보여줍니다. 그리고 십자가에서 "나의 하나님!"을 부르는 모습 역시 고뇌하는 모습입니다.

넷째, 심판자의 모습입니다. 계시록에 나타난 예수님의 모습은 어린양 이미지와는 전혀 다릅니다. 요한계시록의 예수님 모습은 세상을 심판하시는 어린양의 모습이고 위엄과 영광 가득한 모습입니다(계 1:13~16).

우리가 소장하고 있는 예수님 그림은 후대 화가가 그린 것입니다. 누가 그렸는가에 대한 고증은 없습니다. 말씀드린 대로 실제 모습은 직접 뵙는 날 확인이 가능하게 될 것입니다.

그러나 우리에게 중요한 것은 모습이 아닙니다. 나를 죄에서 구원하신 구주시라는 믿음과 고백이 더 중요합니다. "주는 그리스도시요 살아 계신 하나님의 아들"이라는 고백이 나의 고백이 되어야 합니다(마 16:16).

`일상생활`

회개하면 어떤 죄라도 다 용서받을 수 있는지요

Q 회개하면 어떤 죄라도 다 용서받을 수 있는지요?

A '죄'의 뜻은 '빗나가다'이고, 가장 큰 죄는 하나님을 떠나는 것, 하나님의 말씀으로부터 빗나가는 것입니다(요일 3:4). 성경은 모든 사람이 다 죄를 범했기 때문에 하나님의 영광에 이르지 못하고(롬 3:23) 결국 사망에 이르게 된다고 합니다(롬 6:23).

그러나 예외가 있습니다. 그것은 회개입니다. 회개란 죄악된 삶의 방향을 바꿔 하나님께로 돌아오는 것입니다. 아버지를 떠나 향락 세계로 간 아들이 있었습니다. 얼마 후 그는 자신의 잘못을 깊이 뉘우쳤습니다. 하지만 그것만으로 회개가 성립되는 것은 아닙니다. 그는 타락의 현장을 떠나 아버지에게로 돌아와 자신의 잘못을 고백하고 아들의 지위를 회복합니다(눅 15:24).

감정적 뉘우침만으로 회개가 성립되는 것은 아닙니다. 뉘우치고 돌이켜 하나님께로 돌아와야 합니다.

문제는 모든 사람은 죄의 자리로 되돌아갈 가능성이 있다는 것입니다. 바울의 경우 "내 속사람으로는 하나님의 법을 즐거워하되 내 지체 속에서 한 다른 법이 내 마음의 법과 싸워 내 지체 속에 있는 죄의 법으로 나를 사로잡는 것을 보는도다"(롬 7:22~23)라고 했습니다.

심각한 영적 갈등의 고백입니다. 누구에게나 이런 갈등은 있습니다.

영적 싸움에서 승리하는 길은 하나님의 능력을 힘입는 것입니다. 바울은 이김을 주시는 하나님께 감사하노라고 했습니다(고전 15:57). 유한한 내 힘으로 시험과 유혹을 이기는 것은 불가능합니다. 우리도 바울의 고백을 따르는 게 옳습니다.

누구라도 회개하면 죄를 사함받을 수 있습니다.

죄 사하는 권세는 십자가에 죽으시고 다시 살아나신 예수 그리스도에게만 있습니다(막 2:10).

죄의 자리로 되돌아가는 것, 죄악된 삶을 되풀이하는 것은 바른 회개가 아닙니다. 용서받는 여인에게 주신 "가서 다시는 죄를 범하지 말라"는 말씀을 회개의 기둥으로 세워야 합니다(요 8:11).

모든 죄를 용서받는 길은 회개와 믿음뿐입니다.

일상생활

목회자와 결혼하라는
음성을 기도원에서 들었습니다

Q 목회자와 결혼하라는 음성을 기도원에서 들었습니다. 어떻게 해야 할까요?

A 음성 듣고 결혼할 순 없습니다. 하나님의 계시나 지시가 아니기 때문입니다.

성경 안에 하나님의 지시를 따라 결혼한 사람은 호세아 선지자가 유일합니다(호 1:2). 호세아와 고멜의 결혼은 하나님과 이스라엘의 관계를 회복하시려는 의도된 사건이었습니다. 고멜의 사생활이 불륜으로 얼룩졌던 것처럼 당시 이스라엘의 신앙 상태가 그랬습니다. 그럼에도 고멜을 용서하고 사랑했던 호세아의 행위를 통해 하나님의 사랑과 구원의 메시지를 전했습니다. 두 사람의 결혼을 통해 하나님의 구원을 계시하신 사건이었습니다.

하나님은 아담과 하와를 지으시고 둘이 하나가 되는 결혼 원리를 세워 주셨습니다. 그러나 개인의 결혼을 지시하시진 않습니다. 대상, 날짜, 장소, 방법 등은 사람 몫입니다.

예컨대 아무개와 결혼하라는 음성을 들었다고 합시다. 그 음성이 정당한 음성이 되려면 대상인 남자에게도 동일한 음성이 계시되어야 합니다. 결혼하라는 음성은 양자에게 임할 때 신빙도가 성립됩니다.

목회자와 결혼하라는 음성은 하나님의 음성이 아닙니다.

누구나 결혼할 수 있습니다. 그러나 누구나 목회자와 결혼할 수는 없습니다. 내조의 역할과 책임이 따르기 때문입니다. 결혼은 일회적 사건이고 인생 대사입니다. 목회자와의 결혼은 더더욱 신중해야 합니다.

상황은 다르지만 목회자 아내가 겪어야 하는 고충은 많고 무겁습니다. 안일한 생각으로 결정할 일이 아닙니다. 목회자의 아내가 되려면 먼저 자아점검과 준비가 선행되어야 합니다. 왜 목회자의 아내가 되려는가? 어떤 내조자가 되려는가? 신앙적 준비는 되어 있는가? 목회자 아내로서 적성은 맞는가를 점검해야 합니다. 그리고 기도로 자신을 다듬고 준비해야 합니다.

들었다는 음성에 연연하지 마십시오. 이성적 판단을 따르십시오.

일상생활

직장 그만두고 신학대 입학하려고 하는데 어느 곳을 선택해야 할까요?

Q 직장 생활을 접고 신학대학에 입학하려고 합니다. 어느 곳을 선택해야 할지 고민 중입니다.

A 신학교는 교육부 인정 신학교, 교단 운영 신학교, 사설 신학교, 사이버 신학교, 온라인 신학교 등 그 수를 셀 수 없을 만큼 많습니다.

먼저 출석 교회가 어느 교단 소속인지, 그리고 교단 안에 어떤 신학교가 있는지를 확인해야 합니다.

교단과 관계없는 신학교를 선택할 뜻이 있다면 건전한 신학교를 찾아야 합니다. 신학은 학문적 접근이 이뤄지는 분야여서 갈래가 많습니다. 탈교회 신학, 무신론 신학, 사신 신학, 종교다원주의 신학, 사이비 신학을 주장하고 가르치는 신학교를 선택한다면 신앙마저 무너져 버리게 됩니다.

그리고 왜 신학을 하려는가, 부르심과 응답에 대한 확신이 선행되어야 합니다. 신학을 하려는 이유가 단순히 배우고 알기 위해서라면 굳이 직장까지 접을 이유는 없습니다. 건전한 신학교 가운데 직장인을 위한 야간신학을 운영하는 곳도 있기 때문입니다.

신학 수업 이후도 생각해야 합니다. 교회 목회, 교육 목회, 선교,

기관 사역 등 사역 분야를 정하고 준비해야 하기 때문입니다.

주의 종이 된다는 것은 보람되고 뜻 있는 일입니다. 그러나 극기와 인내로 가야 하는 험로이기도 합니다. 누구나 걸을 수 없는 길이고, 누구나 걸으면 안 되는 성별된 길이기도 합니다. 제자의 길은 평탄한 길은 아닙니다. 그리고 선택한 길은 완주하는 게 바람직합니다. 힘들다, 어렵다 하며 중도 포기할 시작이라면 출발하지 않는 게 좋습니다.

그리고 궁금증을 풀기 위해서라든지 성경을 공부하기 위해서라면 직장을 접지 마십시오. 신학교마다 지원자가 줄고 있습니다. 어느 시점에 이르면 목회자와 사역 현장의 불균형 현상이 시작될 것입니다.

주저하지 마십시오. 그러나 쉽게 판단하고 결정하진 마십시오. 신령한 마라톤을 시작해야 하니까요.

일상생활

기르고 있는 반려견에
축복기도해도 되나요?

Q 애완견을 기르고 있습니다. 아플 때나 평소에 축복기도를 하는 것은 어떨는지요?

A 사람과 동물의 공통점이 있습니다. 피조물이라는 것, 본능과 욕구, 생과 사가 있다는 것 등입니다. 그러나 사람이 동물과 다른 점은 창조입니다.

"하나님이 자기 형상 곧 하나님의 형상대로 사람을 창조하시되 남자와 여자를 창조하시고"(창 1:27).

"여호와 하나님이 땅의 흙으로 사람을 지으시고 생기를 그 코에 불어넣으시니 사람이 생령이 되니라"(창 2:7).

사람은 동물과 전혀 다른 창조였음을 밝히고 있습니다. 남자와 여자로, 그리고 하나님과 영적 교제가 가능한 생령으로 창조하셨습니다. 인간만 언어와 문자가 있고, 예배가 있습니다. 축복하고 기도하는 것은 인간만의 고유 영역입니다.

동물도 하나님의 피조물이니까 축복기도가 가능하다는 견해와 동물은 인격적 대상이 아니기 때문에 가능하지 않다는 견해가 있습니다. 모든 피조물은 하나님이 창조하셨고 섭리와 돌보심으로 존재합니다. 그러나 동물을 인격적 대상화한다든지 고대 애굽 사람들처럼 신격화하고 숭배하는 행위는 옳지 못합니다.

자연숭배나 동물숭배는 우상숭배에 속합니다. 반대로 동물을 학대하는 행위는 금해야 합니다. 기르다 버리는 유기견 숫자가 늘어나고 있는 현상은 무책임한 행위입니다. 정성껏 돌보고 아끼는 것은 옳지만 하나님의 이름으로 축복한다든지, 예수님의 이름으로 병 낫기를 기도하는 것은 바람직하지 않습니다.

에모토 마사루는 물 실험을 통해 긍정적 암시를 표현했을 때 물의 결정체가 긍정적으로 변한다는 것을 증명한 바 있습니다. 물뿐만이 아닙니다. 모든 생명체는 사랑과 정성을 기울일 때 성장 발육이 원활해집니다.

애완견을 사랑과 정성으로 키우십시오. 그러나 예수님의 이름으로 기도하거나 축복하는 일은 삼가십시오. 예수님은 짐승을 축복하신 일은 없습니다. 자신과 가족을 위하여, 이웃을 위해 사랑을 베풀고 기도하기를 쉬지 마십시오.

일상생활

죽은 사람의 부활은 가능한가요, 그때의 모습은 어떤 것인가요?

Q 저는 평신도입니다. 죽은 사람의 부활은 가능한지요. 그리고 부활 이후의 모습은 어떤 것인지요.

A 인공지능 챗봇에게 물었습니다. "부활은 가능한가?" 그 답을 요약하면, "일부 종교에서는 가능하다고 믿는다. 그러나 철학적으로는 논쟁의 여지가 있다. 과학적으로는 불가능하다. 생명체의 신체적 기능이 중지되면 다시 살아날 수 없다"입니다.

그러나 성경은 죽은 자의 부활을 선포합니다. 부활은 기독교 신앙의 핵심입니다. "무릇 사람이 할 수 없는 것을 하나님은 하실 수 있느니라"(눅 18:27).

과학은 지식의 산물이고, 신앙은 하나님의 존재와 그 능력을 믿는 데서 출발합니다. 하나님이 천지를 지으셨다는 창조신앙, 예수 그리스도를 믿음으로만 구원받는 구원신앙, 죽은 자가 다시 살아난다는 부활신앙, 예수 그리스도가 다시 오신다는 재림신앙, 그리고 천국에서 영원히 사는 것을 믿는 천국신앙을 확립해야 합니다. 부활신앙이 무너지면 신앙의 집 세우는 게 불가능합니다. "몸이 다시 사는 것과 영원히 사는 것을 믿습니다"를 믿고 고백해야 합니다.

부활은 생명을 지으신 하나님의 섭리로 이뤄지고, 부활한 몸은 신령한 몸이어서 시간과 공간을 초월합니다. "죽은 자의 부활도 그와 같으니 썩을 것으로 심고 썩지 아니할 것으로 다시 살아나며"(고전 15:42), "신령한 몸으로 다시 살아나나니"(고전 15:44), "나팔소리가 나매 죽은 자들이 썩지 아니할 것으로 다시 살아나고 우리도 변화되리라"(고전 15:52)라고 했습니다.

일상적 삶이 변해 신령한 삶으로 변합니다. "부활 때에는 장가도 아니 가고 시집도 아니 가고 하늘에 있는 천사들과 같으니라"(마 22:30)라고 했습니다. 그리고 신·불신을 따라 부활의 성격이 달라집니다. "선한 일은 행한 자는 생명의 부활로, 악한 일을 행한 자는 심판의 부활로 나오리라"(요 5:29).

철저한 신앙이라야 생명의 부활을 맞게 됩니다. 부활의 증인 됨을 기뻐하고 선포를 주저하지 마십시오.

일상생활

회개하면 어떤 죄도 용서받고 천국 가나요? 죽어서 지옥 갔다가 다시 지구로 돌아올 수 있나요?

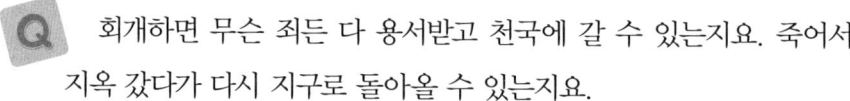

Q 회개하면 무슨 죄든 다 용서받고 천국에 갈 수 있는지요. 죽어서 지옥 갔다가 다시 지구로 돌아올 수 있는지요.

A 먼저 회개의 바른 뜻을 살펴야 합니다. 사전적 의미는 마음을 바꾸는 것, 후회하고 뉘우치는 것입니다. 그러나 성경이 말하는 의미는 하나님께로 돌아오는 것입니다. 감정적 후회가 아닌 전 인격적 결단을 통해 하나님께로 돌아오는 것이 회개입니다.

사울을 예로 들겠습니다. 율법학자였던 그가 교회 박해를 선언하고 다메섹으로 가고 있었습니다. 길에서 강력한 하나님의 부르심을 받고 현장에서 삶의 방향과 사역의 방향을 바꿉니다. 후회하고 사색하고 망설이지 않았습니다(행 9:20). 이스라엘 민족이 하나님을 떠나 우상숭배에 빠졌을 때 예언자들은 "하나님께로 돌아오라"는 메시지를 전했습니다(호 14:1). 그리고 하나님을 떠난 삶을 음행으로 간주했습니다.

회개는 구원에 이르는 관문입니다. 회개 없는 믿음은 성립될 수 없고 구원도 불가능합니다. 세례 요한은 "회개에 합당한 열매를 맺으라"고 했습니다(눅 3:8). 회개는 열매처럼 삶을 통해 드러납니다. 가치와 언행이 변하고 나쁜 열매가 좋은 열매로 바뀝니다. 영적 지각 변동이 일어납니다.

회개 이후에 삶의 변화가 없다면 감정적 뉘우침의 한계를 넘어서지 못했기 때문입니다.

진실한 회개는 사죄와 구원, 그리고 영원한 천국에 이르게 합니다. 천국은 구원받은 사람들을 위해 예비된 신령한 나라입니다. 천국 갔다가 지옥으로, 지옥 갔다가 다시 지구로 돌아올 수 없습니다. 왕복도, 내왕도 불가능합니다. 낙원과 음부 사이에 큰 구렁텅이가 놓여 있어서 오갈 수 없습니다(눅 16:26). 천국은 구원받은 사람들이, 지옥은 구원받지 못한 사람들이 들어가는 처소입니다. 지옥은 벌레도 죽지 않는 꺼지지 않는 불못입니다(막 9:48).

천국과 지옥을 다녀왔노라는 사람들이 있습니다. 개인적 체험일 순 있겠지만 성경적 신빙성은 없습니다. 지옥은 자유자재로 오가는 관광지가 아닙니다. 천국과 지옥의 공통점은 영원하다는 것입니다. 지옥 걱정 하지 말고 천국 시민으로 살아가는 데 최선을 다하십시오.

일상생활

왜 '예수님 이름으로 기도합니다'로 기도를 마무리해야 하나요?

Q 기도할 때 왜 '예수님 이름으로 기도합니다'로 마무리해야 하는지, 그리고 반드시 예배 시마다 주기도를 해야 하는지요.

A 성경 안에는 바른 기도에 관한 교훈들이 많습니다. 정리해 보겠습니다.

첫째, 예수님 이름으로 기도해야 합니다.

"내 이름으로 무엇이든지 내게 구하면 내가 행하리라"(요 14:14).

기도는 하나님께 드리는 간구이며 소통과 대화의 창구입니다. 예수님의 이름으로 기도하지 않는 것은 독백으로 끝납니다.

둘째, 믿고 기도해야 합니다.

"오직 믿음으로 구하고 조금도 의심하지 말라 의심하는 자는 마치 바람에 밀려 요동하는 바다 물결 같으니 이런 사람은 무엇이든지 주께 얻기를 생각하지 말라"(약 1:6~7).

"그러므로 내가 너희에게 말하노니 무엇이든지 기도하고 구하는 것은 받은 줄로 믿으라 그리하면 너희에게 그대로 되리라"(막 11:24).

응답의 조건은 화려한 문장이나 달변에 있지 않습니다. 믿음과 응답은 비례합니다.

셋째, 바르게 구해야 합니다.

"구하여도 받지 못함은 정욕으로 쓰려고 잘못 구하기 때문이라"(약 4:3).

기도가 개인의 욕망이나 물량적 욕구 충족을 위한 수단이 되는 것을 금하라는 것입니다. 어떻게 기도하느냐와 무엇을 구하느냐가 중요합니다.

넷째, 깨끗함으로 기도해야 합니다.

"너희 죄악이 너희와 너희 하나님 사이를 갈라놓았고 너희 죄가 그의 얼굴을 가리어서 너희에게서 듣지 않으시게 함이니라"(사 59:2).

죄는 기도를 가로막는 거대한 장벽입니다. 회개 없는 기도는 헛수고일 뿐입니다.

다섯째, 포기하지 않고 기도해야 합니다.

"쉬지 말고 기도하라"(살전 5:17).

응답 없이 포기하는 것은 헛수고로 끝납니다. 중단 없이, 이루어주실 때까지 기도해야 합니다.

예배드릴 때마다 반드시 주기도를 드릴 필요는 없습니다. 주기도는 주님께서 가르쳐준 최상의 기도이며 모범이기 때문에 나의 기도로 삼고 예배 시간이나 일터, 그리고 가정이나 여행 중에 드리는 것도 바람직합니다.

기도는 연구하는 것보다 드리는 것이 더 중요합니다.

기도해야 할 일들이 너무 많으니까요.

일상생활

출석 교회 권사님의 말 때문에
주변 사람들이 상처받고 있습니다

Q 제가 다니는 교회 권사님의 말 때문에 주변 사람들이 상처를 받고 있습니다.

A 동식물도 표현하는 방식이 있지만 사람만 말을 합니다. 그리고 말은 정제될 때 가치가 있습니다. 남의 말을 많이 하는 사람은 내재된 열등감, 두려움 때문이라고 합니다. 그리고 남의 말은 칭찬과 격려보다는 비난일 때가 많습니다. 야고보 사도는 듣기는 속히 하고 말하기는 더디 하라고 했습니다(약 1:19).

사람은 소통을 필요로 하는 존재입니다. 소통 성립의 전제조건은 경청입니다. 말이 많고 진부한 사람과는 소통이 어렵습니다. 탈무드는 "인간은 입은 하나, 귀는 둘이다. 한 번 말하고 두 번 들으라는 뜻이다", "남의 입에서 나오는 말보다 자기 입에서 나오는 말을 잘 들으라"라고 했습니다. 남의 말을 안 할 순 없겠지만 지켜야 할 도리가 있습니다.

첫째, 사실인가 아니면 유언비어인가를 확인해야 합니다. 근거도 없고 확인하지도 않은 말을 진실인 양 퍼 옮기는 것은 삼가야 합니다. 악플은 우리 시대를 병들게 만들고 있습니다.

둘째, 유익한가입니다. 떠도는 말이나, 들었다며 전하는 말은 대부분 유익한 것들이 아닙니다. 교회 공동체는 대면의 기회가 많은 탓으로 말도 많고 탈도 많습니다. 유익하지 않은 말을 퍼뜨리는 것은 교회의 순기능과 아름다운 관계를 무너뜨리게 됩니다.

셋째, 필요한가입니다. 말은 완전 자동화된 기계와 같습니다. 그래서 절제나 선별이 쉽지 않습니다. 바울은 "너희 말은 항상 은혜 가운데서 소금으로 맛을 냄과 같이 하라"(골 4:6)라고 했습니다. 구 번역은 "고루게 함같이"라고 했습니다. 말은 적절성과 필요성이 검토되어야 합니다.

다른 사람을 이끌고 배려해야 할 중직이라면 말을 삼가고 다듬어야 합니다. 잠언 15장 23절은 "때에 맞는 말이 얼마나 아름다운고"라고 했습니다. 세 번 생각하고 한 번 말하는 삼사일언(三思一言)의 지혜가 필요합니다.

"여호와여 내 입에 파수꾼을 세우시고 내 입술의 문을 지키소서" (시 141:3).

일상생활

남편 사별 후 슬퍼하는 교인에게 '믿음이 없다'고 말하는 걸 들었습니다

Q 남편과 사별 후 슬퍼하는 교인에게 슬퍼하는 것은 믿음이 없기 때문이고 하나님이 기뻐하지 않으신다며 상처를 준 중직이 있습니다.

A 슬플 때 울고 기쁠 때 웃는 것은 정상적 감정 표현입니다. 슬퍼하고 우는 것은 믿음이 없기 때문이라는 것은 편견입니다. 단, 슬픔이나 실패에 짓눌려 헤어나지 못하는 것은 바람직하지 않습니다.

상황은 다르지만 슬픔, 실패, 절망, 고통은 누구에게나 있습니다. 그런 것들을 어떻게 이해하느냐, 어떻게 대처하느냐에 따라 입장이 달라집니다. 무심코 던지는 말 한마디가 위로가 될 수도 있고, 비수가 될 수도 있습니다.

바울은 "즐거워하는 자들과 함께 즐거워하고 우는 자들과 함께 울라"(롬 12:15)고 했습니다. 다른 사람이 겪고 있는 슬픔이나 아픔을 주관적으로 예단하거나 속단하는 것은 옳지 않습니다.

대학 재학 중인 아들을 불의의 사고로 잃은 목사님이 있었습니다. 조문객들의 발길이 이어졌습니다. "불효자네요, 어떻게 먼저 가죠?", "다 잊어버리세요", "아들 하나 더 낳으셔야겠네요", "교회 청년들을 아들 삼으시지요" 등 어떤 말도 위로가 되지 않았습니다. 친한 친구의 조문을 받았습니다. 헌화 후 다가와 아무 말도 하지 않은 채 두 손을 잡고 흐느끼며 울었습니다. 그 친구의 조문이 가장 큰 위로였다는 것입니다.

함께 즐거워하고 함께 울라는 것은 공감하고 동참하라는 것입니다. 이것은 그리스도인이 지켜야 할 윤리이며 삶의 모범입니다.

'사촌이 땅을 사면 배가 아프다'라는 속담이 있습니다. 가까운 사람이 잘되는 것을 시기하고 질투하는 것을 뜻합니다.

흉기에 찔린 상처는 치료와 성형이 가능합니다. 그러나 빗나간 말에 찔린 상처는 치료도 성형도 쉽지 않습니다.

잠언의 교훈이 있습니다.

"의인의 입술은 기쁘게 할 것을 알거늘 악인의 입은 패역을 말하느니라"(잠 10:32). "죽고 사는 것이 혀의 힘에 달렸나니 혀를 쓰기 좋아하는 자는 혀의 열매를 먹으리라"(잠 18:21).

말은 인간에게만 주신 하나님의 선물입니다. 내가 하는 말이 유익한가, 사실인가, 적절한가를 늘 살피고 또 살펴야 합니다.

일상생활

기독교를 개신교라고 칭하는데 바른 표현인가요?

Q 합동교단 목사입니다. 기독교를 개신교라고 호칭하는데 바른 표현인지요.

A 바른 호칭은 기독교가 맞습니다. 개신교라는 이름은 로마 가톨릭 교회가 개혁교회를 비하하기 위해 갈라져 나간 교회, 열교(裂敎), 개신교라고 부르기 시작한 데서 비롯되었습니다. 우리나라에선 1960년부터 개신교와 가톨릭으로 분리 호칭하기 시작했습니다.

마르틴 루터의 개혁은 뜯어고치고 갈라서는 운동이 아닙니다. 성경으로 돌아가 타락의 먹구름을 걷어내고 신앙의 본질을 회복하려는 운동이었습니다. 그리고 그 개혁은 일회적 사건이 아니라 진행형이고 미래 완료형입니다.

그 당시 독일의 군주 세력과 가톨릭은 모든 수단과 방법을 동원해 개혁을 저지하고 박해했습니다. 기독교는 예수 그리스도의 성육신, 십자가 죽으심, 부활, 승천, 재림, 그리고 예수 그리스도를 통한 구원을 믿고 성경을 하나님의 말씀으로 믿는 사람들의 공동체입니다.

개신교라는 이름은 남이 만들어준 이름입니다. 본명은 기독교입니다. '가톨릭도 기독교인가'라는 질문을 받습니다. 기독교라는 증거는 성경대로 믿는가, 그대로 따르는가로 결정됩니다.

그런데 가톨릭은 다른 점이 많습니다.

우선 십계명(출 20:3~17)의 경우, 제2계명인 "너를 위하여 새긴 우상을 만들지 말고 또 위로 하늘에 있는 것이나 아래로 땅에 있는 것이나 땅 아래 물속에 있는 것의 어떤 형상도 만들지 말며 그것들에게 절하지 말며 그것들을 섬기지 말라"를 "하느님의 이름을 함부로 부르지 말라"로, 그리고 셋째 계명인 "여호와의 이름을 망령되게 부르지 말라"를 제외시키고 "주일을 거룩하게 지내라"로 바꾸고 있습니다.

또 마리아와 성인에게 기도하고, 교황을 그리스도의 대리자로 받아들이는 등 다른 점들이 많습니다.

그러나 기독교나 가톨릭이라는 이름 때문에 구원받는 것이 아니고, 예수 그리스도를 믿음으로 받게 됩니다. 종교는 구원의 주체가 될 수 없습니다.

호칭은 기독교가 맞습니다.

일상생활

예수를 존경하지만 부활은 믿지 못하는 친구가 있습니다

 제 친구는 예수는 존경하고 믿지만 부활은 믿지 못한다고 합니다.

 예수님을 믿는 것은 나의 죄를 대속하신 구주라는 사실을 고백하고 믿는 것입니다.

"다른 이로써는 구원을 받을 수 없나니 천하 사람 중에 구원을 받을 만한 다른 이름을 우리에게 주신 일이 없음이라"(행 4:12).

"사람이 마음으로 믿어 의에 이르고 입으로 시인하여 구원에 이르느니라"(롬 10:10).

오직 예수만 구원하시는 주님이라는 사실을 믿고 시인하고 고백하는 것이 믿음입니다. 그러기 위해선 예수님의 생애를 그대로 믿어야 합니다. "성령으로 잉태되어 동정녀 마리아에게 나시고"라는 사도신경의 고백이 나의 고백이 되어야 합니다. 예수님의 동정녀 탄생을 부정하면 대속을 통한 구원의 성취가 불가능해집니다. 탄생, 십자가, 죽음, 부활, 승천, 그리고 다시 오심을 그대로 믿을 때 온전한 믿음이 성립됩니다.

그런 면에서 예수는 믿는데 부활을 믿을 수 없다는 것은 앞뒤가 맞지 않습니다. 예수를 믿는다는 것은 예수님의 생애와 구속을 믿는 것이어야 하기 때문입니다.

　예수님의 부활은

　① 생물학적 사건입니다. 완전히 죽으시고 사흘 만에 무덤에서 살아나셨습니다. 보고 듣고 말씀하시고 잡수시고 걸으셨습니다. 허구나 허상이 아니고, 영적 사건도 아닙니다. 육체로 부활한 사건입니다.

　② 증빙된 역사적 사건입니다. 무덤을 지키던 로마 경비병들의 증언(마 28:4, 15), 여인들의 증언(요 20:18), 제자들의 증언(요 20:25), 바울의 증언(고전 15:8), 그리고 부활하신 예수님 자신의 증언(눅 24:38~40) 등 성경 안에는 수많은 부활의 증언들이 가득합니다. 만일 예수님의 부활이 허구라면 기독교는 세계사의 뒤안길로 사라졌을 것이고, 순교의 역사도 막을 내렸을 것입니다. 예수님의 부활은 역사적 사건이고, 증빙된 사건입니다.

　③ 나의 부활 사건입니다. "나는 부활이요 생명이니 나를 믿는 자는 죽어도 살겠고 무릇 살아서 나를 믿는 자는 영원히 죽지 아니하리니"(요 11:25~26), "그리스도께서 죽은 자 가운데서 다시 살아나사 잠자는 자들의 첫 열매가 되셨도다"(고전 15:20). 예수님의 부활을 믿을 때 온전한 믿음에 이르게 됩니다.

일상생활

'모든 것을 버려두고 예수를 따르니라'는 말씀이 가능한가요?

Q "베드로, 요한, 야고보는 모든 것을 버려두고 예수를 따르니라"라고 했습니다. 어떻게 그것이 가능한가요?

A 예수님이 베드로, 요한, 야고보를 제자로 부르신 기사는 누가복음 5장에 기록되어 있습니다. 특히 베드로를 부르신 기사가 구체적입니다. 간밤의 고기잡이 실패에 때맞춰 베드로를 부르신 사건은 주시는 교훈이 큽니다. "깊은 데로 가라"는 한마디에 선뜻 "말씀에 의지하여"라며 깊은 데로 들어가 만선의 기쁨을 안게 된 베드로, 그리고 "나를 따르라"는 말씀에 모든 것을 버려두고 예수를 따른 베드로의 결단은 감동적입니다.

갈릴리 바다의 고기는 밤이면 얕은 곳으로, 동이 트면 깊은 데로 들어가는 특성을 갖고 있습니다. 깊은 곳에서 고기를 잡으려면 예인망이라야 합니다. 투망으론 어렵습니다. 그리고 베드로가 모든 것을 버리고 예수님을 따르기 어려운 것은 직업과 경험 차 때문입니다. 베드로는 바다가 삶의 터전이었고 예수님은 마을이 사역지였습니다. 예수님은 목수였고, 베드로는 어부였습니다.

모든 것을 버려두고 예수님을 따랐다는 것은 배, 그물, 가족, 지인들을 버렸다는 뜻이지만 그러나 사회적 책임도 버렸다는 것은 아닙니다. 목회자가 되더라도 국민, 시민, 가장으로서의 책임까지 버릴 수 없는 것과 같습니다.

베드로의 결단은 더 고상하고 높은 가치를 선택한 것입니다. 그리고 그 선택에 대한 책임을 다하기 위해 생명을 바쳤습니다. 가치가 실종되면 정신사의 댐이 무너지고, 영적 방어벽이 무너집니다.

이스라엘 남북 왕조의 멸망은 군사력 때문이 아니라 신앙의 집이 무너졌기 때문입니다. 역사적으로 강대국의 멸망 원인도 부패와 타락 때문이었습니다.

찬송가 가사가 떠오릅니다.

"웬일인가 내 형제여 재물만 취하다 세상 물질 불탈 때에 너도 타겠구나"(522장).

거룩한 결단이 요청되는 긴박한 시대입니다.

일상생활

교회에 대해 부정적인 친구를 전도하고 싶습니다

Q 대학동기인 친구에게 전도하고 싶은데 교회에 대한 생각이 부정적이어서 어렵습니다.

A 전도가 어렵다는 데는 다양한 이유들이 있습니다. 타 종교인이니까, 무속인이니까, 무종교인이니까, 생각이 부정적이니까, 잘사니까, 가난하니까 등입니다. 그런 이유들을 살피다 보면 전도할 대상을 찾기 어렵게 됩니다.

바울은 항상 "너는 말씀을 전파하라 때를 얻든지 못 얻든지 항상 힘쓰라"(딤후 4:2)고 했습니다. 이 말씀은 전도명령으로, 기회, 상황, 조건을 따지지 말라는 것입니다. 그리고 항상 힘쓰라는 것은 중단하지 말라, 계속하라, 끈질기게 하라는 뜻입니다.

전도는 선택이 아니라 명령이며, 그리스도인의 제일 큰 사명입니다.

전도를 해야 할 이유는 한 가지인 데 반해 전도를 하지 않는 이유는 수십 가지가 넘습니다.

몇 가지 안내를 드리겠습니다.

첫째, 대상을 정하십시오. 대상을 정하는 일을 겁내거나 주저할 이유는 없습니다. 그 친구 외에 다른 친구, 친지, 지인들 등 수를 셀 수 없습니다. 그들의 이름을 별지에 기록하십시오.

둘째, 전도 대상자를 위해 기도하십시오. 기도 시간을 정하고 수시로 그 영혼 구원을 위해 집중적으로 기도하십시오. 그리고 기도의 동역자들에게 중보기도를 요청하십시오.

셋째, 선한 영향력을 끼치십시오. 그 사람에게 필요한 것과 도울 일이 무엇인가를 꼼꼼히 살피고 물심양면으로 그를 도우십시오.

넷째, 예수 그리스도가 구주 되심과 그를 믿음으로 구원받는다는 복음을 전하십시오. 우리가 전할 것은 복음이지 교회가 아닙니다.

다섯째, 성령님의 역사를 기도하십시오. 나 자신의 언행이나 교회 행사들이 전도 대상자들을 감동시키는 것이 아닙니다. 성령 하나님의 능력과 감동이 그를 사로잡게 해달라고 기도하십시오.

여섯째, 포기하지 마십시오. 일회적 도전으로 전도에 성공할 수도 있지만 반대나 거절의 벽에 부딪힐 수도 있습니다. 그렇더라도 바울의 권면대로 물러서지 말고 결코 포기하지 마십시오.

그 영혼이 주님께로 돌아올 때까지 끈질기게 계속하십시오.

일상생활

지난날 지은 죄 때문에 괴롭습니다

Q 저는 예수 믿기 전 온갖 죄를 범했고, 지난날 지은 죄 때문에 괴롭습니다.

A 성경은 말씀합니다. "의인은 없나니 하나도 없으며"(롬 3:10), "모든 사람이 죄를 범하였으매 하나님의 영광에 이르지 못하더니"(롬 3:23). 모든 사람은 다 죄인이라는 것입니다. 그리고 "선을 행하는 자가 없도다"(시 14:1)라고 했고, 다윗은 "내가 죄악 중에서 출생하였음이여 어머니가 죄 중에서 나를 잉태하였나이다"(시 51:5)라고 고백했습니다.

이런 구절들만으로도 모든 사람은 죄인이고, 지금도 죄와 거룩한 전쟁을 치르고 있다는 걸 알 수 있습니다.

그러면 어떻게 해야 합니까?

첫째, 죄 사함을 받아야 합니다.

구약의 경우 죄 사함 받는 길은 속죄의 제사를 드림으로 가능했습니다. 매해 한 차례 정해진 속죄일에 정한 규례대로 대제사장이 속죄제를 드렸고, 반드시 피의 제사라야 했습니다(레 4장). 그리고 그 피의 제사는 예수님이 십자가에서 흘리신 피로 완성됩니다. "이는 그가 단번에 자기를 드려 이루셨음이라"(히 7:27)라고 했고, "다시 죄를 위하여 제사 드릴 것이 없느니라"(히 10:18)라고 했습니다. 그 이유는 "염소와 송아지의 피로 하지 아니하고 오직 자기의 피로 영원한 속죄를 이루사 단번에 성소에 들어가셨기" 때문이고(히 9:12), "많은 사람의 죄를 담당하시려고 단번에 드리신 바 되셨고 구원에 이르게 하기 위하여 죄와 상관없이 자기를 바라는 자들에게 두 번째 나타나시리라"(히 9:28)라고 했습니다.

예수 그리스도의 피가 우리 죄를 사하셨고 죄에서 구원하셨습니다.

둘째, 믿어야 합니다.

"그를 믿는 자마다 멸망하지 않고 영생을 얻게 하려 하심이라"(요 3:16), "다른 이로써는 구원을 받을 수 없나니 천하 사람 중에 구원을 받을 만한 다른 이름을 우리에게 주신 일이 없음이라"(행 4:12). 두 구절의 강조점은 예수 그리스도를 구주로 믿고 고백해야 한다는 것입니다.

셋째, 다시 죄에 빠지지 않아야 합니다.

예수님이 간음한 여인을 용서하시며 "다시는 죄를 범하지 말라"(요 8:11)라고 말씀하셨습니다.

구원받은 그리스도인은 지난날의 죄를 반복하지 않아야 하고, 그러기 위해선 성령님의 내주를 위해 기도하고, 악과의 영적 전투를 부단히 이어나가야 합니다.

일상생활

임직자 훈련 중 들은 '여호수아의 리더십'이 궁금합니다

Q 교회에서 임직자 훈련을 받고 있습니다. 여호수아의 리더십을 닮으라는 강의를 들었습니다. 좀 더 자세히 알고 싶습니다.

A 여호수아의 신앙과 행적을 간단하게 요약하는 것은 쉽지 않습니다. 크고 많기 때문입니다. 한마디로 그는 위대한 지도자였습니다. 본명은 호세아이고, 에브라임 지파 눈의 아들입니다. 눈에 관한 기사는 찾기 어렵습니다. 그래서 평범한 사람이었을 것으로 봅니다. 그는 평소 모세의 시종(보좌관)이었고, 모세의 뒤를 이어 이스라엘의 지도자가 됩니다. 모세가 시내산에 율법을 받으러 올라갈 때 여호수아만 함께했습니다(출 24:13).

여호수아의 리더십을 요약해 보겠습니다.

첫째, 긍정적 리더십입니다. 각 지파 대표들이 가나안 땅을 정탐한 후 돌아와 보고하는 자리에서 여호수아와 갈렙만 긍정적 보고를 했습니다(민 14:9).

둘째, 책임 리더십입니다. 아말렉과의 전투에서 모세는 두 손을 들고 아론과 훌은 그 손을 부축했습니다. 그리고 여호수아는 현장에서 전투를 책임졌고, 그는 생명을 걸고 전투를 승리로 이끌었습니다(출

17:13).

셋째, 분별의 리더십입니다. 요단강을 건널 때 언약궤를 멘 제사장들이 앞서 나가고 2천 규빗(약 9백 미터) 거리를 두고 백성들이 그 뒤를 따랐습니다. 이것은 거룩한 하나님의 언약궤와 백성들 사이의 거리두기를 의미하는가 하면 여호수아의 겸손 리더십을 뜻하기도 합니다. 성과 속의 혼합을 금한 분별이기도 하고, 총지휘관인 여호수아가 앞장서지 않고 제사장의 뒤를 따르는 겸허함을 보여준 것이기도 합니다.

넷째, 공정의 리더십입니다. 가나안 점령 후 지파별로 땅을 분배할 때 공평무사를 원칙으로 삼았습니다. 자신의 땅을 먼저 가로채지 않고 백성들이 준 기업을 취했습니다(수 19:50).

다섯째, 절대신앙의 리더십입니다. 여호수아 24장 15절은 여호수아의 신앙고백입니다. "오직 나와 내 집은 여호와를 섬기겠노라." 여호수아는 시종 절대신앙을 지키고 실천한 리더였습니다. 닮고 싶고, 닮기 위해 노력해야 하는 참된 리더였습니다. 그런 리더십이 필요한 때입니다.

일상생활

천국은 어떤 곳인지, 누가 들어가는지 궁금합니다

Q 천국은 어떤 곳인지, 누가 들어가는지 궁금합니다.

A 그리스도인들은 네 가지 신앙을 확립해야 합니다.

그것은 ① 예수를 믿음으로 죄 사함 받고 구원받았다는 구원신앙, ② 죽어도 다시 산다는 부활신앙, ③ 예수님은 다시 오신다는 재림신앙, ④ 영원한 나라가 있다는 천국소망입니다.

천국은 하나님의 나라, 하나님의 왕국, 아버지의 왕국 등 다른 이름으로도 사용되고 있습니다. 성경학자들은 그리스도의 초림으로 이미 하나님의 나라는 시작되었고, 재림으로 완성된다고 말합니다.

천국은 가보지 않은 미지의 세계이지만 그러나 확실한 세계입니다. 어디에 있는가, 크기는 얼마인가, 인구는 얼마나 되는가 하는 것들은 지상왕국을 따지는 지리적 개념입니다.

천국은 하나님이 준비하신 신령한 나라입니다(요 14:3). 눈으로 보고 그 부피를 따지는 물량세계가 아닙니다.

예언자나 사도들이 천국의 모습을 계시를 통하여 밝히고 있지만 그 누구도 그곳을 여행하거나 다녀온 사람은 없습니다. 그리고 다녀왔다는 얘기들은 신빙성이 없습니다.

사도 요한은 밧모 섬 계시를 통하여 하나님의 나라를 비교적 소상하게 밝혔습니다. 하지만 그 역시 극히 부분적인 한계를 넘지 못하고 있습니다. 이유는 제한적 존재인 인간이 영원하신 하나님과 그 나라를 설명하기엔 역부족이기 때문입니다. 그래서 바울은 "지금은 거울로 보는 것같이 희미하나 그때에는 얼굴과 얼굴을 대하여 볼 것이요 지금은 내가 부분적으로 아나 그때에는 주께서 나를 아신 것같이 내가 온전히 알리라"(고전 13:12)라고 했습니다.

부분적 지식이나 경험으로 하나님이나 천국에 대하여 도통한 것처럼 구는 것은 잘못입니다. 그 나라는 하나님이 예비하신 나라, 영원한 나라, 그리스도와 함께하는 나라입니다.

사도 요한은 그 나라를 설명하면서 거기는 밤도 등불도 햇빛도 쓸데없다, 주 하나님이 그들에게 비취심이라고 했고(계 22:5), 개들, 점술가들, 음행하는 자들, 살인자들, 우상숭배자들, 거짓말 좋아하는 자들은 성 밖에 있으리라고 했습니다(계 22:15).

현세에서 천국을 부정하는 사람은 영원한 천국에 입성하지 못합니다. 그래서 주님은 하나님의 나라가 언제 임하느냐고 묻는 바리새인들에게 "하나님의 나라는 너희 안에 있다"라고 답하신 것입니다(눅 17:21).

일상생활

예수 믿는 사람들은 '모든 것'을 할 수 있나요?

Q 예수 믿는 사람들은 모든 것을 다 할 수 있는지요?

A 빌립보서 4장 13절에서 바울은 "내게 능력 주시는 자 안에서 내가 모든 것을 할 수 있느니라"라고 했습니다. 그것은 신통력을 발휘해 날개 없이 하늘을 날고, 축지법을 동원해 지구를 돌고 숱한 기적을 행할 수 있다는 뜻이 아닙니다. '내게 능력 주시는 자 안에서'가 전제 조건입니다.

원문의 뜻은 '나를 굳세게 해 주시는 분 안에서'입니다.

그리스도의 능력이 나와 함께할 때 고난, 핍박, 시험, 죽음도 이길 수 있다는 신앙고백입니다.

바울의 삶은 고난과 핍박으로 얽힌 삶이었고, 가난과 고통에 짓눌린 삶이었습니다. 그러나 그가 자족할 수 있었던 힘의 원천은 그리스도 안에서 힘을 공급받았기 때문입니다. 그래서 바울은 어떠한 형편이든지 자족하기를 배웠습니다. 궁핍과 풍부에도, 배부름과 배고픔에도 처할 수 있다고 했습니다. 중요한 것은 그리스도 안에 있을 때만 가능하다는 것입니다.

할 수 있다는 것은 공격과 방어가 가능하다는 것입니다. '다 할 수 있다'의 뜻을 살피겠습니다.

첫째, 신적 능력을 행사한다는 것이 아닙니다. 병자를 고치고, 산을 옮기고, 벼락부자를 만들고, 죽은 자를 살린다는 뜻이 아닙니다. 하나님만 하시는 일인데 나도 할 수 있다는 뜻이 아닙니다. 신이 되고자 하는 사람들에게는 가장 큰 유혹이기도 합니다. 그 누구도 신이 될 수 없고, 신인 척 포장해도 안 됩니다.

둘째, 자신을 이기는 힘의 출발점입니다. 바울은 하나님이 주신 능력으로 자신을 다스렸습니다. 비천, 풍부, 배고픔과 배부름, 궁핍 등 당면한 자신의 고통을 그 힘으로 이기고 극복했습니다. 그리고 그 힘으로 사탄의 유혹과 시험, 도전과 공격을 막아냈습니다.

셋째, 진행형입니다. 하나님이 주시는 능력은 단판 승부를 위한 처방도, 일회적 사건도 아닙니다. 날마다, 순간마다 필요한, 그래서 진행형입니다. 한 번으로 끝나지 않는 능력의 임재입니다.

넷째, 신앙고백이라야 합니다. 내가 겪은 내 간증이고 고백이라야 합니다. "내게 능력 주시는 자 안에서 모든 것을 할 수 있다"는 고백은 바울의 고백이면서 나의 고백이라야 합니다.

> 성경
>
> # 하나님은 아담이 선악과 따 먹을 것을 아셨을까요?

 하나님은 아담이 선악과 따 먹을 것을 아셨을까요?

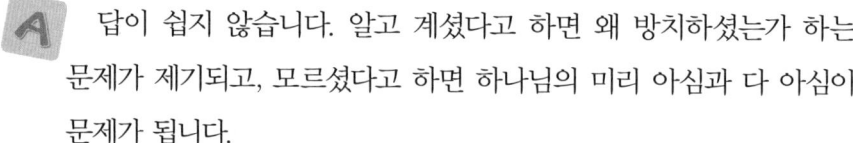 답이 쉽지 않습니다. 알고 계셨다고 하면 왜 방치하셨는가 하는 문제가 제기되고, 모르셨다고 하면 하나님의 미리 아심과 다 아심이 문제가 됩니다.

아담의 타락 사건의 중요성은 하나님이 미리 아셨느냐, 모르셨느냐에 있지 않습니다. 하나님의 말씀에 순종했느냐, 하지 않았느냐에 있습니다.

사람 창조의 원리가 있습니다. 그것은 하나님의 형상대로 남자와 여자로 창조하셨고, 선택과 결정의 자유의지를 주셨고, 선택의 결과에 대한 책임은 선택자 몫이라는 것입니다.

하나님은 다 아시고 미리 아십니다. 다윗의 고백에 의하면, "…나를 아시나이다 주께서 내가 앉고 일어섬을 아시고 멀리서도 나의 생각을 밝히 아시오며 나의 모든 길과…나의 모든 행위를 익히 아시오니 여호와여 내 혀의 말을 알지 못하시는 것이 하나도 없으시니이다" (시 139:1~4)라고 했습니다. 사람과 세상에 관한 모든 것을 다 아신다는 것입니다.

아담을 지으신 하나님은 그에 관한 모든 것을 다 아셨습니다. 단, 그의 행위 결정을 낱낱이 통제하지 않으시고 자유의지에 맡기신 것입니다. 로봇을 리모컨으로 통제하듯 하지 않으신 것입니다. 에덴동산에는 선악과 말고도 먹거리가 널려 있었습니다. 그러나 뱀의 유혹에 넘어가 선악과를 따 먹었습니다.

급류가 흐르는 강가에 "절대로 들어가지 마시오"라는 경고판을 세웠습니다. 그런데 '얼마나 깊겠어? 나는 수영선수야'라며 뛰어든 사람이 있었습니다. 그 이후의 책임은 뛰어든 사람에게 있습니다.

아담과 하와에게는 선악과를 따 먹을 자유와 따 먹지 않을 자유가 있었습니다. 그리고 따 먹었을 경우 오게 될 결과에 대한 자상한 설명도 미리 해두셨습니다.

선악과는 하나님과 피조물인 인간 사이의 언약입니다. 성경은 언약의 기록입니다. 언약을 파기한 탓으로 이스라엘은 망국의 비운을 겪었고, 그 사건은 진행형입니다. 사악한 뱀의 소리에 귀 기울이지 않고 하나님의 말씀에 귀를 기울였다면 타락의 원조가 되지 않았을 것입니다.

신앙의 세계는 '왜? 어떻게?'로 접근하면 해법 찾는 게 어렵습니다.

만국 통용어인 '아멘'은 그리스도인들의 공통 고백이 되어야 합니다.

> 성경

므두셀라는 969세까지 살았다는데 왜 사람의 수명이 짧아졌나요?

Q 므두셀라는 어떻게 장수할 수 있었으며, 요즘은 왜 수명이 짧아졌는지요.

A 므두셀라는 인류 역사상 가장 오래 산 사람입니다. 창세기 5장에 나오는 아담 계보에 의하면 아담 930세, 노아 950세, 므두셀라는 969세까지 살았습니다. 성경학자들은 노아 홍수 이후부터 수명이 짧아지기 시작했다고 봅니다. 아브라함 175세, 야곱 147세, 모세는 120세를 살았습니다.

요즘은 100세 넘기기가 쉽지 않습니다. 수명은 사람을 지으신 창조주 하나님의 소관이고, 관리 책임은 자신한테 있습니다. 일본 오키나와에 장수마을이 있습니다. 100세 넘게 사는 사람들이 대부분이랍니다. 장수 비결로는 소식, 맑은 공기, 깨끗한 물, 채식, 운동 등을 꼽습니다.

그러나 장수보다 더 중요한 것은 어떻게 사느냐입니다. 므두셀라는 969세를 살았지만 한 일이 없습니다. "므두셀라는 백팔십칠 세에 라멕을 낳았고 라멕을 낳은 후 칠백팔십이 년을 지내며 자녀를 낳았으며 그는 구백육십구 세를 살고 죽었더라"(창 5:25~27). '낳았더라, 살았더라, 죽었더라'가 므두셀라 삶의 전부입니다.

　모세의 경우를 보겠습니다. 그는 120년을 살았습니다. 므두셀라의 수명에 비교하면 짧은 삶이었습니다. 그러나 그는 애굽의 바로와 맞섰고, 광야 40년 고난의 행군을 이끌었습니다. 그는 하나님과 교통했고 그 뜻을 따랐습니다. 그리고 오경을 기록했습니다.

　모세야말로 짧고 굵은 인생을 살았습니다. 건강한 장수는 하나님이 주시는 선물입니다. 그리고 건강이나 장수를 위해 무리수를 두는 것은 피해야 합니다.

　올바른 건강관리는 필요하지만 생명의 주관자는 하나님이십니다. "너희 생명이 무엇이냐 너희는 잠깐 보이다가 없어지는 안개니라"라고 했습니다. 수명의 길이에 연연하기보다는 보람된 삶을 일구는 게 더 멋진 인생입니다. 불로초는 없습니다.

성경

왜 이스라엘은
남과 북으로 분열되었나요?

Q. 신학교 재학 중입니다. 이스라엘이 남과 북으로 분열된 원인이 무엇인지요.

A. 이스라엘은 사울, 다윗, 솔로몬 왕으로 이어진 통일왕국이었고, 기간은 120년이었습니다. 솔로몬의 아들 르호보암이 대를 이어 왕이 되면서 남북으로 분열되었습니다. 분열 원인은 복합적이지만 다음과 같이 정리할 수 있습니다.

첫째, 솔로몬의 우상숭배입니다. 부왕 다윗의 뒤를 이어 통치에 능한 명왕으로 등극했지만 신앙 관리에 실패했습니다. 유일신 신앙을 버리고 우상숭배와 잡신 숭배에 빠졌습니다. 아스다롯, 밀곰, 그모스, 몰록 등 잡신을 숭배하는가 하면, 도처에 산당을 만들고 분향했습니다. 이스라엘 하나님을 떠난 것입니다(왕상 11:9).

둘째, 윤리적 타락입니다. 이방 여인과의 통혼 금지를 어기고 애굽 바로의 딸, 모압, 암몬, 에돔, 시돈, 헷 여인들을 취했습니다. 그리고 후궁 7백에, 첩이 3백이었습니다. 그 여인들이 왕의 마음을 돌아서게 했고, 주색이 그를 에워싸고 있었습니다(왕상 11:3).

셋째, 과도한 군비 확장과 건축입니다. 국방을 이유로 군비 확장을 하는가 하면(왕상 10:26~29), 성전 건축과 왕궁 건축 기간이 20년이었습니다. 원성이 높아질 수밖에 없었습니다.

넷째, 르호보암의 강성통치입니다. 왕이 되자 그는 원로들의 자문은 외면하고 젊은 측근들의 말을 따랐습니다. "너희 멍에를 더 무겁게 하고 전갈과 채찍으로 너희를 다스리겠다"라며 폭정을 선언하자 르호보암 편에 서는 지파는 유다와 베냐민이었고, 열 지파는 여로보암 편에 섰습니다. 르호보암은 남왕국 유다, 여로보암은 북왕국 이스라엘을 세우고 분열왕국 시대를 열게 됩니다.

하나님은 이스라엘이 어떤 나라가 되어야 하는가, 어떤 통치라야 하는가 그 기준을 정해 주셨습니다. 하나님 신앙을 지킬 것, 우상숭배를 금할 것, 그리고 하나님이 주신 법도를 그대로 지킬 것, 이것은 이스라엘에게 주신 절대 조건이었습니다. 이스라엘이 그랬던 것처럼 유일신 신앙을 버리고 범죄의 길에 들어서면 개인도, 공동체도 동일한 결과를 겪게 됩니다. 신앙과 삶을 바르게 지켜야 합니다.

성경

예수님은 왜 마르다보다 마리아를 칭찬하셨나요?

Q 예수님은 왜 마르다보다 마리아를 칭찬하셨을까요?

 예수님을 정성을 다해 섬긴 여인들이 있었습니다. 예를 들면, 마르다와 마리아 자매, 야고보와 요셉의 어머니, 구사의 아내 요안나 등입니다. 물질로 섬겼고, 십자가에 못 박히셨을 때 곁을 지켰고, 시신에 향유를 바르는가 하면 안식일 이른 아침 무덤을 찾아간 것도 여인들이었습니다.

마르다와 마리아도 빠질 수 없습니다. 누가복음 10장 38~42절 기사는 예수님을 맞은 자매 이야기입니다. 마리아는 주의 발아래 앉아 말씀을 듣고, 마르다는 음식 준비로 바빴습니다.

우선순위의 차이입니다. 마리아는 모처럼 방문하신 예수님의 말씀을 듣는 것이 더 소중하다는 데 우선순위를 두었고, 마르다는 예수님을 위해 음식을 준비하는 것이 더 중요하다는 데 우선순위를 두었습니다. 만일 그때 마르다와 마리아가 시장하실 예수님을 위해 먼저 함께 음식을 준비하고 식후에 함께 예수님의 발아래 앉아 말씀을 들었다면 더 좋았을 것입니다.

음식 준비에 들떠 있는 마르다와 말씀이 최고라며 예수님을 독점

하고 있는 마리아, 두 사람의 모습은 전혀 다릅니다. 우리는 여기서 신앙과 삶, 말씀과 섬김의 균형을 찾아야 합니다. 말씀이 최고라며 성경공부만 하는 사람이 있고, 행함이 최고라며 섬기는 일에만 앞장서는 사람이 있습니다. 교회에는 마르다도, 마리아도 필요합니다. 신앙과 삶의 실천은 수레의 두 바퀴와 같습니다.

문제는 마르다의 부정적 견해입니다. 마르다는 음식 준비하는 일로 분주했고 근심했습니다(눅 10:40). 자신을 돕지 않고 말씀 듣노라며 예수님 발아래 앉아 있는 마리아 때문에 심리적 갈등이 일어났습니다. 한 끼 먹거리 준비 때문에 근심하고 질투하는 것보다 생명의 양식을 갈망하고 선택하는 것이 더 좋은 편이라는 것이 예수님의 입장입니다.

믿음과 섬김의 대상은 예수 그리스도이십니다. 그리고 영적 풍요는 예수님의 말씀을 듣고 따르고 실천할 때 이룩됩니다. 이 일 저 일에 쫓기노라면 탈진에 빠집니다.

너무 많은 일을 맡지 마십시오. 힘들고 지쳐 멈추는 것보다는 꼭 필요한 일에 최선을 다하십시오. 그리고 마리아의 선택에 우선순위를 두십시오.

성경

신학자들마다 성경 해석이 달라서 혼란스럽습니다

Q 저는 신학대학원 졸업반입니다. 신학자들마다 성경 해석이 달라서 혼란스럽습니다.

A 신학은 다른 학문에 비해 연구 분야가 넓고 어렵습니다. 이유는 피조물인 인간이 창조주를 학문적으로 연구하기 때문이고, 유한한 지식으로 영원존재이신 하나님을 연구하는 학문이기 때문입니다.

시대 변천과 함께 신학 전공 분야가 넓어졌습니다. 조직신학, 성서신학, 역사신학, 목회신학, 실천신학 등 세분화하고 있습니다.

신학자들에 따라 성경해석이 다를 수밖에 없는 것은 신학 배경 때문입니다. 성경 해석에 따라 개인의 신앙이 결정되고, 교단 분열의 원인이 됩니다. 그리고 설교 내용과 방향이 정해지고, 이단이 나올 수도 있습니다.

성경 해석의 기본 입장이 있습니다.

첫째, 성경은 하나님의 말씀을 기록한 책입니다.

"모든 성경은 하나님의 감동으로 된 것으로"(딤후 3:16).

성경을 하나님의 말씀으로 믿고 받아야 합니다. '성경 안에는 하나님 말씀도 있고 다른 말들도 있다. 그래서 오류가 있다'라고 주장하면 바른 신앙이 정립되지 못합니다. 성경 해석과 신학적 입장은 교단 성장은 물론 개인의 신앙 성장에 결정적 영향을 주게 됩니다.

둘째, 무리한 해석을 금해야 합니다.

"성경의 모든 예언은 사사로이 풀 것이 아니니"(벧후 1:20).

"그중에 알기 어려운 것이 더러 있으니 무식한 자들과 굳세지 못한 자들이 다른 성경과 같이 그것도 억지로 풀다가 스스로 멸망에 이르느니라"(벧후 3:16).

난해 구절을 억지로 해석하고 아전인수 식으로 해석하는 것, 과학적 방법으로 접근하는 것 등을 피해야 합니다.

더 중요한 것은 성경을 하나님의 말씀으로 믿고 실천하는 것입니다. 성경은 단순한 가이드북이 아닙니다. 신앙과 삶의 지침이고 명령입니다. '하라'와 '하지 말라'를 명령하고 있습니다. 하라는 것은 하고, 하지 말라는 것은 하지 않는 결단으로 이어져야 합니다.

> 성경

주기도문은 왜 '예수님의 이름으로 기도합니다'로 끝나지 않나요?

Q 기도할 때 "예수님 이름으로 기도드립니다"로 마무리하는데 주기도문으로 기도할 때는 그렇게 하지 않습니다.

A 주기도는 주님이 가르쳐주신 기도이기 때문입니다. 그러나 내가 드리는 기도는 예수님의 이름으로 기도하라고 가르쳐 주셨습니다. "내 이름으로 무엇이든지 내게 구하면 내가 행하리라"(요 14:14). '내 이름으로'의 뜻은 '내 이름 안에서'인데 예수님과 한 몸이 된 영적 연합을 의미합니다. 영적 연합은 철저한 믿음과 순종으로 성립됩니다. 기도를 응답하시는 분은 하나님이시고, 인간은 기도자일 뿐입니다. 그리고 예수 이름으로 기도하면 중보하시고 응답의 통로를 열어 주십니다.

바른 기도 원리가 있습니다.

첫째, 예수 이름으로 기도해야 합니다.

이유는 인간은 하나님께 기도할 만한 공로가 없기 때문입니다. 목청 높여 부르짖어도 공허한 독백이 될 뿐입니다. 그러나 서툰 기도라도 예수님 이름으로 기도하면 응답의 문이 열립니다(요 16:24).

둘째, 믿고 기도해야 합니다.

"무엇이든지 기도하고 구하는 것은 받은 줄로 믿으라 그리하면 너희에게 그대로 되리라"(막 11:24).

"오직 믿음으로 구하고 조금도 의심하지 말라 의심하는 자는 마치 바람에 밀려 요동하는 바다 물결 같으니"(약 1:6).

'믿으라, 의심하지 말라'는 강조어를 주목해야 합니다. 의심하는 기도는 헛수고일 뿐입니다.

셋째, 바로 구해야 합니다.

"구하여도 받지 못함은 정욕으로 쓰려고 잘못 구하기 때문이라"(약 4:3).

누구나 기도할 수 있습니다. 그러나 누구나 다 응답받는 것은 아닙니다. 신학자 바클레이는 "당신의 뜻이 이루어지이다라고 말하는 기도는 언제나 응답받는다"라고 했습니다. 예수님도 "나의 원대로 마시옵고 아버지의 원대로 하옵소서"(막 14:36)라고 기도하셨습니다.

넷째, 계속 기도해야 합니다.

"구하라 찾으라 두드리라"라고 했고(마 7:7), "쉬지 말고 기도하라"(살전 5:17)라고 했습니다. 기도 중단은 응답의 포기입니다.

다섯째, 외식을 피해야 합니다.

바리새인은 자신의 의를 드러내기 위해 서서 손 들고 외치며 기도했고, 세리는 통회와 자복의 기도를 드렸습니다. 하나님은 세리의 기도를 받으셨습니다(눅 18:10~14).

여섯째, 주기도를 기도의 모범으로 삼으십시오.

주기도는 예수님이 제자들에게 가르쳐주신 모범기도로, 모든 기도 내용을 통합하고 있어서 늘 드려야 할 모범기도입니다.

성경

사도신경에 나오는 빌라도는 어떤 사람인가요?

 사도신경에 나오는 빌라도는 어떤 사람인가요?

 "본디오 빌라도에게 고난을 받아 십자가에 못 박혀 죽으시고."

사도신경을 고백하는 곳마다 빌라도의 이름이 부정적으로 거명되고 있습니다. 사도신경 안에는 두 사람의 이름이 등장합니다. 동정녀 마리아와 빌라도입니다. 빌라도는 주후 26~36년까지 로마 티베리우스 황제의 파견으로 유다 총독으로 재임했습니다. 유대 철학자 필로는 빌라도에 대해 악의가 가득하고 잔인한 인물이었다고 평가했습니다. 그는 입법, 사법, 행정 전권을 장악하고 있었기 때문에 예수님 십자가 처형의 최종 판결도 그의 몫이었습니다.

〈빌라도의 보고서〉라는 문서에 의하면, 빌라도는 예수님의 무죄를 인지하고 있었습니다. 로마 황제에게 보낸 보고서에서 "예수는 법을 어긴 일이 없다. 비난을 산 적이 없다"라고 썼습니다. 그리고 그의 아내 역시 꿈을 들어 "저 옳은 사람에게 아무 상관도 하지 마옵소서 오늘 꿈에 내가 그 사람으로 인하여 애를 많이 태웠나이다"(마 27:19) 라고 전언했습니다. 그러나 그는 자신의 정치적 야망만을 고려한 채 "나는 무죄하니 너희가 당하라"며 사형을 선고하고 손을 씻었습니다

(마 27:24).

　빌라도의 행위와 그리스도에 관한 예언의 성취는 전혀 무관합니다. 빌라도는 예언 성취를 위한 도구였다는 설은 잘못된 것입니다.

　가룟 유다의 경우를 예로 들겠습니다. 마지막 만찬석에서 예수님은 "그러나 보라 나를 파는 자의 손이 나와 함께 상 위에 있도다 인자는 이미 작정된 대로 가거니와 그를 파는 그 사람에게는 화가 있으리로다"(눅 22:21~22)라고 말씀하셨습니다. 예수님은 예정대로 십자가의 길을 가시지만 파는 유다는 화를 당한다는 것입니다. 유다의 행위는 자신이 선택한 범죄였고 배신이었습니다.

　빌라도의 최후에 관한 설들이 있지만 자살설이 가장 유력합니다. 우리는 여기서 공인의 언행은 공적 책임이 있음을 보게 됩니다. 그리고 공적 책임은 모른다, 나는 상관없다며 손을 씻는 것으로 정당화될 수 없습니다. 책임지지 못하는 사람은 공인의 자리에 오르지 않는 게 좋습니다.

　이 땅에 오시고 십자가를 지신 예수 그리스도의 삶은 높고 위대한 삶이십니다. 인간의 모든 죄를 공적으로 대신하셨기 때문입니다. 사도신경은 빌라도처럼 되지 말라고 교훈합니다.

성경

성경을 여러 번 통독해도
아직 이해되지 않는 사건·구절이 많습니다

Q 새해 들어 성경 읽기를 다시 시작했습니다. 14번째 통독이 됩니다. 그런데 이해되지 않는 사건과 구절이 너무 많습니다.

A 성경이 어떤 책인가를 명료하게 밝힌 구절이 있습니다. "또 어려서부터 성경을 알았나니 성경은 능히 너로 하여금 그리스도 예수 안에 있는 믿음으로 말미암아 구원에 이르는 지혜가 있게 하느니라 모든 성경은 하나님의 감동으로 된 것으로 교훈과 책망과 바르게 함과 의로 교육하기에 유익하니"(딤후 3:15~16).

교회마다 성경통독과 필사가 확장되고 있는 것은 바람직한 일입니다.

성경을 읽는 바른 자세를 말씀드리겠습니다.

첫째, 믿음으로 읽어야 합니다.

성경은 그 분량이 방대합니다. 1,400여 년에 걸쳐 40여 명이 기록했고, 일관된 주제를 다루고 있습니다. 바울이 밝힌 대로 하나님의 감동으로 된 성경이라서 믿음으로 읽어야 합니다. 부호로 말하면 감탄사(!)로 읽어야지, 의문사(?)로 읽으면 장을 넘기는 게 쉽지 않습니다.

믿고 난 후 아는 것은 신앙의 세계이고, 알고 난 후 믿는 것은 과학의 세계입니다. 과학적 접근 이전에 신앙적 접근이 선행될 때 성경 이해가 가능해집니다. 그래서 성경 읽기는 기도로 시작하고, 기도로 덮어야 합니다.

둘째, 공부하십시오.

교회가 실시하는 각종 성경공부도 있고 건강한 성경주석을 통해 공부하는 방법도 있습니다. 신학적 접근이나 연구는 신학교에서라야 하고, 단순한 성경공부는 교회를 통해 할 수 있습니다. 조심할 것은 교회 밖의 다양한 성경공부 운동들은 이단이나 사이비 집단에 속한 것들도 있고 건전한 신앙을 무너뜨리는 것들도 있다는 점을 유의해야 합니다. 그리고 짧은 시간에 성경을 통달하고 싶다는 과욕은 버리십시오.

셋째, 실천하십시오.

우리들의 문제는 신앙과 삶의 괴리입니다. 바울은 "배우고 확신한 일에 거하라"(딤후 3:14)라고 했습니다. '거하라'는 현재 명령사로 계속 머물러 있으라는 것이고, 의역하면 '실천하라, 살라'가 됩니다.

깨달은 진리를 실천하는 것은 통독 횟수보다 더 중요합니다. 많이 읽고 공부하십시오. 그리고 실천하십시오.

성경

모세는 왜 가나안 땅에 들어가지 못했나요?

Q 모세는 왜 가나안 땅에 들어가지 못했을까요? 억울했으리라는 생각이 듭니다.

A 모세는 이스라엘의 출애굽과 광야 40년을 이끌고 오경을 기록한 위대한 지도자였습니다. 그는 하나님과 대면할 수 있는 선지자였고 친구였습니다(신 34:10). 그는 손에 든 하나님의 지팡이 하나로 바로와 맞섰고 기적을 행사했습니다. 그 누구도 따를 수 없는 민족 영웅이었고 지도자였습니다. 그런 그가 대망의 가나안에 들어가지 못한 것은 억울함 그 이상의 사건입니다.

민수기 기사에 의하면 이스라엘이 가데스에 이르렀을 때 물 때문에 다툼이 있었습니다.

하나님은 모세에게 "지팡이를 가지고 네 형 아론과 함께 회중을 모으고 그들의 목전에서 너희는 반석에게 명령하여 물을 내라 하라 네가 그 반석이 물을 내게 하여 회중과 그들의 짐승에게 마시게 할지니라"(민 20:8)라고 하셨습니다. 그러나 그다음 구절은 다음과 같이 기록합니다.

"모세가 그의 손을 들어 그의 지팡이로 반석을 두 번 치니 물이 많이 솟아나오므로 회중과 그들의 짐승이 마시니라"(민 20:11).

모세는 자신의 분노 조절에 실패하고 반석을 두 번이나 쳤습니다. 문제는 그 결과입니다. "너희가 나를 믿지 아니하고 이스라엘 자손의 목전에서 내 거룩함을 나타내지 아니한 고로 너희는 이 회중을 내가 그들에게 준 땅으로 인도하여 들이지 못하리라"(민 20:12).

개인의 분노나 공로는 하나님의 뜻을 이룰 수 없을 뿐 아니라 가나안에 들어갈 수 없는 원인을 제공합니다.

공적이나 행위로 들어가는 가나안이라면 모세에게 우선권을 주어야 합니다. 그러나 가나안은 하나님의 명령을 따르고 지킨 사람들이 들어가는 약속의 땅이어서 모세도 예외일 수 없었습니다(신 31:2).

"너는 그리로 건너가지 못하리라"(신 34:4).

모세 사건이 주는 교훈이 있습니다. 그것은 영원한 가나안인 천국에 입성하는 조건은 공로나 행함이 아니라는 것, 하나님의 말씀에 순종하고 예수 그리스도의 십자가 공로로 들어간다는 것입니다. 그것은 행함으로 구원받는 것이 아니라 믿음으로 구원받는다는 바울의 증언과 일맥상통합니다.

성경

사울 왕이 무녀를 찾아가 사무엘을 부른 사건이 뭔가요?

Q 사울 왕이 신접한 여인을 찾아가 사무엘을 불러올리라고 한 사건을 어떻게 이해해야 하는지요.

A 사무엘상 28장에 기록된 사건으로 난해 구절 중 하나입니다.
사울의 잘못을 찾아보겠습니다.

첫째, 변장한 것입니다. 자신의 정체를 숨기기 위해 변장하고 신접녀를 찾아갔습니다. 마귀는 광명의 천사로 자신을 가장합니다(고후 11:14).

둘째, 신접한 여인을 찾아간 것입니다. 신접이란 사탄의 영을 받아 앞날을 점치는 것입니다. 블레셋의 공세에 다급해진 사울이 하나님께 물었지만 응답이 없었습니다. 이미 하나님이 사울을 버리셨기 때문입니다. 기도 응답이 없다고 무당을 찾아가는 것과 같은 행위입니다. 사울의 경우 응답이 없을 때 그 원인을 발견하고 회개했어야 했습니다. 그러나 그는 하나님을 떠나 무녀를 찾아간 것입니다. 그것은 하나님이 금하신 일이었습니다(레 19:31).

셋째, 사무엘을 불러올리라고 한 것입니다. 죽은 자의 혼을 불러내고 대화를 나누는 것은 하나님 신앙 안에 있을 수 없습니다. 사무엘로 가장한 사탄의 역사로 보는 것이 정설입니다. 그 이유는 한낱 무당이 사무엘의 혼을 불러내는 일을 할 수 없을 뿐 아니라 혼은 정처 없이 허공을 떠도는 것이 아니기 때문입니다. 하나님 신앙의 사람이어야 할 사울이 하나님을 떠나 무속신앙에 빠져버린 모습을 보게 됩니다.

넷째, 결정적 잘못은 하나님을 떠난 것입니다. 그가 하나님께 물었지만 꿈으로도 우림으로도 선지자로도 대답하지 아니하신 이유는 사울이 하나님의 말씀을 버림으로 하나님이 그를 버리셨기 때문입니다. 버림받은 사람에게 하나님의 응답이 임할 리 없습니다.

사울 앞에 나타난 사무엘의 정체가 무엇이냐 하는 것보다는 왜 하나님이 사울을 버리셨는가, 무녀의 무술이 얼마나 허무맹랑한 속임수인가, 그리고 사탄의 지능적 역사를 바로 보고 이해해야 하는 것입니다.

초혼굿이 있습니다. 그러나 성경은 초혼을 인정하지 않습니다.

"접신한 자와 박수무당을 음란하게 따르는 자에게는 내가 진노하여 그를 그의 백성 중에서 끊으리니"(레 20:6).

성경

우상이 구체적으로 무엇인가요?

Q 우상을 섬기지 말라고 했는데 우상에 대해 자세히 알고 싶습니다.

 성경이 말하는 우상은 하나님 외에 사람, 자연, 동물, 이념 등을 신격화하고 섬기는 것입니다. 성경은 우상숭배를 위해 신상을 만들거나 숭배하는 것을 철저히 금합니다. "너는 신상들을 부어 만들지 말지니라"(출 34:17), "나 외에는 다른 신들을 네게 두지 말라…만들지 말며…절하지 말며…섬기지 말라"(출 20:3~5)고 했습니다. 하나님은 스스로 계시는 분이십니다(출 3:14). 그래서 기독교의 신관은 유일신 신관입니다. 하나님 외에 다른 신이 없습니다.

성경에 나타난 우상숭배 역사는 족장시대로 거슬러 올라갑니다. 족장시대에 주변 부족들은 대부분 우상을 섬겼던 탓으로 우상숭배 문화에 에워싸여 있었고, 430년간의 애굽 생활도 그랬습니다.

애굽은 우상숭배 국가였습니다. 애굽에 내린 열 가지 재앙은 모두 애굽 사람들이 신으로 숭배하거나 신성시하는 것들이었습니다. 예를 들어, 장자가 죽는 열 번째 재앙은 바로의 신격화에 대한 재앙이었습니다. 애굽인들은 바로를 생명을 지키는 신으로 섬겼고, 장자가 죽는 재앙을 막지 못한 바로의 신격화는 치명타를 입게 됩니다.

우상국가에서 430년간 이스라엘은 우상을 접했고 그 문화에 젖어 있었습니다. 그들이 애굽을 떠나 가나안 땅에 들어가려면 유일신 신앙을 회복하고 우상문화와 연을 끊어야 했습니다. 그래서 철저하게 우상숭배를 금하신 것입니다.

피조물을 신격화하는 것, 피조물들이 만든 것들을 숭배하는 것은 우상숭배입니다. 바울은 "탐심은 우상숭배"라고 했습니다(골 3:5). 탐심은 물질을 하나님처럼 섬기려는 배금주의를 뜻합니다. 돈은 필요 가치이긴 합니다만 섬김의 대상은 아닙니다. 예수님은 "한 사람이 두 주인을 섬길 수 없다"라고 말씀하셨습니다. 그것은 물질의 우상화를 금하신 것입니다. 그리고 바울은 "돈을 사랑함이 일만 악의 뿌리가 된다"라고 했습니다(딤전 6:10).

부어 만들고 깎아 만든 것들은 보이는 우상입니다. 그리고 이념, 탐심, 사상 이런 것들은 보이지 않는 우상입니다. 나 자신이 우상일 수도 있고, 내가 지닌 소유와 잘못된 생각이 우상일 수도 있습니다.

인간은 신이 될 수 없고 신격화되어도 안 됩니다. 오직 하나님 한 분만 스스로 계시는 유일신이십니다.

성경

가인은 왜 아벨을 죽였나요?

Q 가인과 아벨은 형제인데 왜 가인은 아벨을 죽였을까요?

A 아담과 하와가 에덴동산에서 추방당한 뒤 낳은 아들이 가인과 아벨입니다(창 4:1~2). 가인은 농사를, 아벨은 양을 치는 일을 업으로 삼았습니다.

문제는 하나님께 드린 제사에서 비롯되었습니다. 가인의 제사는 받지 않으시고 아벨의 제사는 받으신 것이 문제였습니다. 가인은 땅의 소산으로, 아벨은 양의 첫 새끼와 기름으로 제사를 드렸습니다.

가인의 잘못을 살펴보겠습니다.

첫째, 제물 선택에 실패했습니다. 하나님께 드리는 제사는 피의 제사라야 합니다. 출애굽 이후 제사가 제도화됩니다만 그러나 하나님께 드리는 제물은 양을 잡아 그 피를 드려야 합니다. 이것은 예수 그리스도가 어린양으로 속죄의 제물이 되실 것을 예표합니다. 아벨은 어린양을 제물로 드린 데 반해 가인은 땅의 소산으로 제사를 드렸습니다. 신학자 호프만은 "가인은 단순히 감사의 제물을 바쳤고, 아벨은 속죄의 제물을 바쳤다"라고 했습니다.

둘째, 분노 조절에 실패했습니다. 제사를 거절당한 원인을 아벨에게 두고 분노했습니다. 외부의 자극에 화를 내거나 폭력적 행동을 하는 것이 분노 조절장애입니다. 간헐적 폭발성 장애라고도 합니다. 사건이나 사태의 원인이나 책임을 아벨에게서 찾으려 했고, 내부에서 치솟는 분노를 조절하는 데 실패했습니다.

셋째, 신앙 관리에 실패했습니다. "가인과 그 제물은 열납하지 아니하신지라"(창 4:5, 개역한글)라고 했습니다. '열납하지 아니했다'는 것은 쳐다보지도 아니했다는 뜻입니다. 신앙과 삶이 문제가 된 것입니다. 아벨은 열납하셨으나 가인은 거절하신 것입니다. 무엇을 바치느냐보다 누가 바치느냐가 중요하고, 누가 어떻게 바치느냐가 제사의 핵심입니다. 결국 살인자 가인은 여호와를 떠나 놋 땅에 자리를 잡게 됩니다(창 4:16).

넷째, 생명 경외에 실패했습니다. 생명은 하나님이 주신 소중한 선물입니다. 사람은 생명의 주인이 아닙니다. 그런데 가인은 생명을 경시하고 아우를 죽이는 최초의 살인자가 되고 아벨은 최초의 순교자가 됩니다.

생명의 주인은 하나님이십니다. 그래서 자해, 자학, 자살은 정당화될 수 없습니다.

> 성경

창세기·요한복음의 '태초'는 같은 때인가요?

Q 창세기에서의 태초와 요한복음이 말하는 태초는 같은 태초인지 궁금합니다.

A 같은 태초가 아닙니다. 창세기 1장의 태초는 '맨 처음'으로 번역되는 태초인데, 우주 창조와 시간이 시작된 출발을 의미합니다.

칼뱅은 하나님의 천지창조와 함께 시간도 시작되었다고 해석했습니다. 하나님은 시간과 역사의 시작과 마지막을 주관하신다는 뜻입니다.

요한복음 1장 1절의 태초는 창세기 1장 1절의 태초와 연결되긴 하지만 그 의미는 전혀 다릅니다.

창세기의 태초는 우주 만물의 시작이고, 요한복음의 태초는 하나님의 영원성, 선재성, 거룩성을 설명합니다. 하나님의 존재를 설명할 적절한 용어가 없기 때문에 '태초에'라는 용어를 선택할 수밖에 없습니다.

이미 하나님은 천지를 창조하시기 전에 선재하셨고, 그리고 영원히 존재하십니다. '영원하시다'라는 표현도 하나님의 자존성을 설명하기엔 미흡합니다. 더 적절한 용어를 찾기 어렵습니다.

그리고 하나님의 시간과 인간의 시간 사이엔 시차가 있음도 이해해야 합니다. "사랑하는 자들아 주께는 하루가 천 년 같고 천 년이 하루 같다는 이 한 가지를 잊지 말라"(벧후 3:8)라고 했습니다. 인간의 시간 산법으로 하나님의 시간을 계산하는 것은 불가능합니다. 하나님의 시간은 영원이고, 인간의 시간은 제한적이고 유한하기 때문입니다. 그래서 시간의 길이도, 산법도 동일하지 않습니다.

태초에 천지창조는 6일 동안 이어졌지만 하나님은 그 이전 영원 전부터 스스로 존재하셨다는 것이 요한복음 태초의 강조점입니다.

"태초에 말씀이 계시니라 이 말씀이 하나님과 함께 계셨으니 이 말씀은 곧 하나님이시니라"(요 1:1). 천지창조 이전부터 예수 그리스도는 존재하셨고 삼위일체 하나님이셨다는 것을 설명합니다.

모세에게 밝히신 하나님의 최초 이름은 "스스로 있는 자"였습니다(출 3:14). 흠정역은 'I am that I am'으로 번역했습니다.

시작과 끝이 없는 절대적인 자존자이신 하나님의 통치 아래 있음을 감사합시다.

> 성경

시각장애인을 고치실 때 왜 눈에 진흙 바르고 실로암까지 가게 하셨나요?

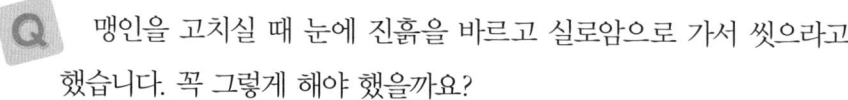

Q 맹인을 고치실 때 눈에 진흙을 바르고 실로암으로 가서 씻으라고 했습니다. 꼭 그렇게 해야 했을까요?

A 왜 그러셨는지 예수님만 정답을 가지고 계십니다.

예수님의 사역은 전하시고 가르치시고 고치시는 것이었습니다(마 4:23). 많은 병자들을 고치셨고, 죽은 나사로도 살리셨습니다. 병자들을 고치신 방법은 다양했습니다. 말씀으로, 손을 대시고, 진흙을 바르시고 등 여러 가지였습니다.

땅에 침을 뱉어 만든 진흙을 눈에 바르신 후 실로암으로 가서 씻으라는 치유 기사는 요한복음 9장에 기록되어 있습니다. 그는 태어날 때부터 앞을 못 보는 맹인이었습니다. 침 자체가 치료에 도움이 된 것은 아닙니다.

신학자 벵겔은 "하나님이 인간을 창조하실 때 흙으로 창조하신 것처럼 예수님이 진흙으로 맹인의 눈을 치료하신 것은 서로 대비되어 새로운 형태의 창조행위임을 암시한다"라고 했습니다. 그러나 맹인으로서는 진흙이 기분 좋은 일은 아니었을 것입니다. 그리고 실로암까지 가는 것은 힘들고 부담스러운 일이었습니다.

바로 그 부분을 주목해야 합니다. 말씀이나 그 눈에 손을 대심으로 치료하실 수 있습니다. 그러나 이 사건의 경우 어떤 명령에도 순종해야 하는 맹인의 결단이 전제조건입니다. 기분 나쁘다, 가기 힘들다 등의 이유로 실로암으로 가지 않았다면 고침받지 못했을 것입니다.

엘리사 선지가 아람의 나아만에게 요단강에 가서 일곱 번 몸을 씻으라고 했습니다. 엘리사의 거처와 요단강은 30킬로미터 거리입니다. 그리고 요단 강물은 탁류여서 목욕을 즐길 강은 아닙니다. 그러나 자신의 지위와 자존심을 내려놓고 가서 일곱 번 씻었습니다.

나병 감염과 치유 여부 판정은 제사장 소관이었습니다. 나환자가 씻는 것은 치유 판정 이후에 행하는 정결례였습니다(레 14장). 나아만의 나병은 "요단강으로 가라"는 명령을 믿고 갈 때 이미 치료가 진행되고 있었습니다. "실로암으로 가라, 요단강으로 가라" 할 때 믿고 가는 사람은 고침받을 것이고, 가지 않는 사람은 질병과의 고달픈 동행이 계속될 것입니다.

성경

여호수아에게 주신 "좌로나 우로 치우치지 말라"는 말씀의 의미는 무엇인가요?

Q 여호수아에게 좌나 우로 치우치지 말라고 하셨는데 좌나 우는 무슨 의미인지요. 알고 싶습니다.

A 일찍이 모세를 통해 주신 말씀입니다. "좌로나 우로나 치우치지 말라"(신 5:32, 17:11). 모세의 후계자인 여호수아에게도 반복해 주신 말씀입니다.

여호수아에게 좌나 우로 치우치지 말라는 말씀을 하셨을 때의 상황을 살펴볼 필요가 있습니다. 요단강을 중심으로 세겜, 기브온, 여리고, 싯딤, 아이, 길갈 등이 좌우에 포진하고 있었습니다. 그리고 그들은 한결같이 우상을 숭배했습니다. 다시 말하면, 왼쪽도 오른쪽도 우상숭배자들이 에워싸고 있었습니다. 이스라엘 공동체를 이끌게 된 여호수아에게 좌나 우로 치우치지 말라, 정도로 걸으라는 말씀을 주신 것입니다.

"오직 강하고 극히 담대하여 나의 종 모세가 네게 명령한 그 율법을 다 지켜 행하고 우로나 좌로나 치우치지 말라 그리하면 어디로 가든지 형통하리니"(수 1:7).

좌도 우도 우상숭배가 에워싸고 있습니다. 그러나 하나님의 말씀을 지키고 정도를 지키면 형통하게 되리라는 약속입니다.

좌우가 정치용어로 등장한 것은 1789년에 일어난 프랑스혁명 이후로 봅니다. 국민 의회에 참석한 사람들 중 보수파는 오른쪽에, 혁명파는 왼쪽에 나눠 앉았고, 우파와 좌파로 나눠 부른 데서 시작되었다고 합니다. 그러니까 좌우는 신명기, 여호수아 시대를 거쳐 오늘에 이르기까지 세계를 토막 내고 있습니다. 그리고 그 양상이 도를 넘어 심각합니다.

우리나라의 경우 해방 직후부터 시작된 좌우 대립은 진행형이어서 종식이 가능할지 전망은 부정적입니다.

문제는 교회 쪽에도 있습니다. 교회도 좌우 갈등과 대립에 휘말리고 있기 때문입니다. 그러나 교회가 걸어야 할 길은 좌도 우도 아닙니다. "율법을 다 지켜 행하고"가 교회가 걸어야 할 정도입니다.

"당신은 우파요, 좌파요?"라는 질문을 받는다면 "나는 예수파요"라고 답할 수 있어야 합니다. 좌나 우에 휘둘려도 안 되고, 끌려가도 안 됩니다. 좌나 우는 정도가 아니기 때문입니다.

성경

"새사람을 입으라"고 했는데 무슨 의미인가요?

Q '새사람을 입으라'고 했는데 무슨 뜻인지 알고 싶습니다.

"너희는 유혹의 욕심을 따라 썩어져 가는 구습을 따르는 옛사람을 벗어버리고 오직 너희의 심령이 새롭게 되어 하나님을 따라 의와 진리의 거룩함으로 지으심을 받은 새사람을 입으라"(엡 4:22~24)고 했습니다.

입는다, 벗는다는 옷을 입고 벗을 때 사용하는 일상용어입니다. 옷에 관한 이야기는 창세기에서 시작됩니다. 아담과 하와가 범죄 후 드러난 치부를 가리기 위해 무화과나무 잎으로 치마를 만들어 입었고(창 3:7), 하나님은 가죽옷을 만들어 입혀 주셨습니다(창 3:21).

옷 이야기는 요한계시록으로 이어집니다. 셀 수 없는 큰 무리가 흰옷을 입고 손에 종려가지를 들고 보좌 앞 어린양 앞에 큰 소리로 경배하는데(계 7:9), 그 흰옷은 어린양의 피에 씻어 희게 한 옷이라고 했습니다(계 7:14). 이런 관점에서 보면 벗는다, 입는다는 것은 겉옷을 벗고 입는 것이 아님을 알 수 있습니다. 마치 운동선수가 운동복으로 갈아입듯 삶의 태도를 바꾸는 것을 의미합니다.

바울은 구습을 좇는 옛 사람, 즉 거짓, 분노, 도둑질, 더러운 말, 악독, 방탕, 욕심 등을 벗어버리라고 했고, 의, 진리, 거룩함으로 지으심을 받은 새사람을 입으라고 했습니다.

벗으라, 입으라는 것은 죄에 빠진 낡은 삶을 버리고 새로운 존재로 거듭나는 것을 의미합니다. 첫 사람 아담은 범죄와 타락으로 누더기를 입게 되었고, 예수 그리스도의 대속의 피를 믿는 사람들은 정결한 흰옷을 입게 된다는 것입니다.

악의 지배를 벗어나 새사람을 입는 것은 자력으로는 불가능합니다. 사람이 만든 옷은 아담이 만든 무화과 잎 치마와 같습니다. 어린양의 피로 희게 된 새사람을 입어야 구원받은 백성이 될 수 있습니다.

"누구든지 그리스도 안에 있으면 새로운 피조물이라 이전 것은 지나갔으니 보라 새것이 되었도다"(고후 5:17).

그리스도 안에서 새로운 존재가 되는 것은 진행형이고 미래완료형입니다. 누더기는 벗어버리고 새해 새옷으로 갈아입어야 합니다.

성경

하나님이 말씀으로 천지를 창조하셨다는데 그게 가능한가요?

Q 하나님이 천지를 창조하실 때 말씀으로 창조하셨다고 했는데 어떻게 그것이 가능한지요?

A 창세기 1장에 기록된 창조기사는 몇 가지 특징이 있습니다. "있으라, 나뉘라, 비추라, 번성하라" 등 명령사(이르시되)가 10회 이상, "그대로 되니라"가 7회, 그리고 "좋았더라"가 7회 반복됩니다.

일반 건축 공사에는 설계와 시공 등 다양한 인력이 동원됩니다. 그리고 공사 규모를 따라 기간과 건축비가 결정됩니다. 그런데 하나님의 천지창조는 6일 만에 완성되었고 전문인력을 동원한 일도, 설계와 시공을 나눈 일도 없습니다.

"있으라, 되라"는 말씀만으로 천지창조가 이뤄졌습니다. 부실공사도 없는 완벽한 창조였음을 "심히 좋았더라"는 말로 표현하고 있습니다. 그 일은 하나님만 가능합니다.

"나는 전능한 하나님이라"(창 17:1).

"나는 스스로 있는 자이니라"(출 3:14).

두 구절은 하나님의 존재와 전능함을 설명합니다. 스스로 계시고 초월적 능력을 가지신 하나님이시기에 말씀만으로 천지를 창조하신 것입니다. 하나님 외에 그 어떤 피조물도 그런 능력을 가질 수도, 행할 수도 없습니다.

　신약의 경우 예수님도 그런 능력을 행하셨습니다. 병자를 고치실 때, 귀신을 내쫓으실 때마다 명령하셨습니다. "잠잠하고 그 사람에게서 나오라" 명령하실 때 귀신이 그 사람에게서 나왔습니다(눅 4:35). 갈릴리 바다의 성난 파도를 향해서도 명령하셨습니다. "잠잠하라 고요하라 하시니 바람이 그치고 아주 잔잔하여지더라"(막 4:39). 예수님만 가능한 일을 하신 것입니다.

　말씀만으로 천지를 어떻게 창조하실 수 있는가는 하나님을 어떤 하나님으로 믿는가에 따라 좌우됩니다.

　"무릇 사람이 할 수 없는 것을 하나님은 하실 수 있느니라"(눅 18:27).

　내 믿음의 확립이 우선입니다.

> 성경

요나는 왜 하나님이 가라는 니느웨로 안 가고 다시스로 갔나요?

Q 요나 선지자는 왜 하나님이 보내시는 니느웨로 가지 않고 다시스로 간 것일까요?

A 앗수르 수도 니느웨로 가라는 하나님의 명령을 어기고 정반대 방향인 다시스행 배를 탄 선지자는 요나가 유일합니다. 그러나 하나님은 요나의 길을 막으시고 니느웨로 가게 하셨고, 니느웨 구원의 뜻을 이루셨습니다.

요나서가 주는 몇 가지 교훈을 찾아보겠습니다.

첫째, 하나님의 얼굴을 피할 수 없다는 것입니다. 하나님은 언제 어디나 계십니다. 하늘에 올라가도, 스올에 자리를 펴도, 바다 끝에 머물러도 거기 계십니다. 내 장부를 지으시며 모태에서 나를 만드셨기 때문입니다(시 139편).

둘째, 요나의 편견입니다. 요나는 '이스라엘은 선민이고, 앗수르는 이방이다. 이스라엘은 선하고, 앗수르는 악하다'는 이분법을, 그리고 '하나님은 이스라엘만의 하나님'이라는 그릇된 신관을 가지고 있었습니다.

"하나님은 다만 유대인의 하나님이시냐 또한 이방인의 하나님은 아니시냐 진실로 이방인의 하나님도 되시느니라"(롬 3:29). 하나님은 모든 사람의 하나님이십니다.

셋째, 선교명령입니다. "저 큰 성읍 니느웨로 가서 그것을 향하여 외치라"(욘 1:2, 3:2).

선교대상은 이방나라들이고 미전도 종족입니다. 바울의 선교대상도 이방인이었습니다. "우리가 이방인에게로 향하노라"(행 13:46), "이후에는 이방인에게로 가리라"(행 18:6)고 했습니다. "땅끝까지 이르러 내 증인이 되리라"(행 1:8)는 말씀 역시 유대주의를 뛰어넘는 선교명령입니다.

넷째, 구원의 범위입니다. 구원의 조건은 믿음이고(요 3:16), 구원의 범위는 인류입니다. 하나님은 이스라엘을 포함한 모든 사람이 구원받기를 원하십니다(딤전 2:4).

요나의 선포를 접한 니느웨는 왕과 대신들과 모든 거주민, 짐승까지 베옷을 입고 회개했고, 하나님은 그 뜻을 돌이켜 재앙을 거두셨습니다. 니느웨의 회개운동이 우리 시대에도 일어나야 합니다.

성경

창세기 1장 26절에 나오는 '우리'는 누구인가요?

Q 창세기 1장 26절에 나오는 '우리'는 누구인지 알고 싶습니다.

A 창세기는 하나님의 창조사역과 족장들의 신앙과 삶을 다루고 있습니다. 어떻게 천지를 창조하셨고 섭리하셨는가를 자상하게 밝혀줍니다.

하나님의 사역은 창조, 섭리, 구원으로 대별할 수 있습니다. 창조의 특성을 살펴보겠습니다.

첫째, 말씀으로 창조하셨습니다. 구 번역 성경은 "가라사대"라고 했고, 개역개정 성경은 "이르시되"라고 했습니다. 10회 반복됩니다. '이르시되'는 '말하다'의 높임말입니다. 있으라, 되라, 이루라는 말씀만으로 천지를 창조하셨습니다.

둘째, "그대로 되니라"입니다. 이르실 때마다 오차 없이 그대로 되었다는 것은 창조주 하나님의 절대능력을 설명합니다.

셋째, "좋았더라"입니다. 그 뜻은 위대하다, 놀랍다, 완벽하다, 아름답다입니다. '심히 좋았더라'는 심미의 경지를 넘어선 완벽한 아름다움을 의미합니다.

넷째, 사람을 창조하셨습니다.

사람 창조의 특성을 살펴보겠습니다.

① 하나님의 형상대로 창조하셨습니다. 다른 피조물은 그 종류대로 만드셨고(창 1:25), 사람은 우리의 형상을 따라 우리의 모양대로 우리가 사람을 만들고(창 1:26)라고 했습니다. 대부분의 성경학자들은 "우리"는 삼위일체 하나님을 뜻하는 일인칭 복수라고 해석합니다. 그리고 형상은 영적, 신적 형상으로 다른 피조물과의 차별성을 의미한다고 봅니다.

② 생기를 불어넣으셨습니다. 몸은 흙으로, 영은 하나님의 영으로 지으셨습니다(창 2:7). 그리고 생령이 되었다고 했습니다. 그것은 영적 존재라는 뜻이고, 영적 존재란 창조주 하나님과 소통하는 존재라는 것입니다.

③ 남자와 여자를 창조하셨습니다. "하나님이 자기 형상 곧 하나님의 형상대로 사람을 창조하시되 남자와 여자를 창조하시고"(창 1:27), "여호와 하나님이 아담에게서 취하신 그 갈빗대로 여자를 만드시고"(창 2:22), "이러므로 남자가 부모를 떠나 그의 아내와 합하여 둘이 한 몸을 이룰지로다"(창 2:24).

그 어떤 이론도 하나님이 정하신 창조질서를 넘어서거나 파괴하는 것은 옳지 않습니다.

성경대로 믿는 것이 그리스도인의 바른 신앙자세입니다. 흔들리면 안 됩니다.

성경

"영과 진리로 예배할지니라"는 말씀의 의미는 무엇인가요?

 "영과 진리로 예배할지니라"는 말씀의 뜻이 무엇인지요.

 "하나님은 영이시니 예배하는 자가 영과 진리로 예배할지니라"(요 4:24).

예수님이 사마리아 여인과의 대화에서 하신 말씀입니다. 예배가 무엇인가, 어떻게 드려야 하는가, 대상은 누구인가를 밝히고 있습니다. 예배의 대상은 하나님이십니다(요 4:21). 그리고 바른 예배는 영과 진리로 드리는 것입니다.

요한은 "하나님은 빛이시라"(요일 1:5), "하나님은 사랑이심이라"(요일 4:8)에 이어 "하나님은 영이시니"(요 4:24)라고 선포합니다. 하나님이 영이시라는 본질적 속성을 밝힙니다. 영이신 하나님께 드리는 예배는 형식이 아닌 영으로 드려야 하고, 진리로 드려야 합니다.

성경학자 메이어는 "여기서 말하는 진리는 성실이나 정직을 의미하지 않고 하나님의 속성에 부합되는 것으로, 예수 안에 계시된 진리를 의미한다"고 했습니다.

예배 '본다'가 아니라 '드린다'입니다. 예배 보는 자가 아니라 예배드리는 자라야 합니다. 예배 인도자, 설교자, 안내자, 헌금위원 모두 예배를 돕는 사람이 아닌 드리는 사람이어야 합니다.

용어도 선별해야 합니다. 결혼예배, 장례예배, 회갑예배, 축하예배는 바른 용어가 아닙니다. 결혼예식, 장례예식, 회갑예식, 축하예식으로 바꿔야 합니다. 용어 선택에 따라 예배의 대상이 사람이나 행사가 될 수 있기 때문입니다.

코로나19가 예배 지형을 바꿨습니다. 온라인이나 인터넷 예배는 보는 예배입니다. 보는 예배를 강조하거나 예찬하는 것은 잘못입니다. 시대 변화에 둔감할 필요는 없지만 민감한 반응도 바람직하지 않습니다.

예배 형식은 변할 수 있지만 본질은 지켜야 합니다. 영원히 예배를 받으시는 분은 하나님이시고, 인간은 예배자가 되어야 합니다. 그리고 영과 진리로 바른 예배를 드려야 합니다.

더 중요한 것은 날마다 삶을 통해 산 제사를 드리는 것입니다.

"그러므로 형제들아 내가 하나님의 모든 자비하심으로 너희를 권하노니 너희 몸을 하나님이 기뻐하시는 거룩한 산 제물로 드리라 이는 너희가 드릴 영적 예배니라"(롬 12:1).

성경

모세의 지팡이가 어떻게
하나님의 지팡이가 될 수 있나요?

Q 모세의 지팡이가 어떻게 하나님의 지팡이가 될 수 있는지요.

A 지팡이는 걷는 데 도움을 주는 막대기입니다. 모세의 지팡이는 미디안 광야에서 양을 치는 도구였습니다. 광야에서 자라는 흔한 나무로 만들었을 것입니다.

모세는 애굽으로 가라는 하나님의 명령을 한사코 거부했습니다. "애굽 사람이 나를 죽이려 할 것이기 때문에…", "이스라엘 사람들이 나를 신뢰하지 않을 것이기 때문에…", "눌변이기 때문에…"라는 이유에서였습니다.

모세에게 하나님은 지팡이 기적을 보여주셨습니다. 땅에 던졌을 때 뱀이 되었고, 다시 잡았을 때 지팡이가 되었습니다. 하나님의 보내심을 따라 애굽으로 들어가는 모세의 지팡이를 "하나님의 지팡이"라고 했습니다(출 4:20). 나무로 만든 지팡이지만 그것이 하나님의 도구가 되면 능력과 기적을 행하는 하나님의 도구가 된다는 것을 보여준 것입니다. 모세는 그 지팡이로 바로와 대결했고, 하나님의 지팡이를 내밀었을 때 홍해가 갈라졌습니다(출 14:21). 광야 르비딤에서 아말렉과 싸울 때도 하나님의 지팡이를 들고 산꼭대기에 올라갔고 승전했습니다(출 17:9).

양을 칠 때 사용하던 지팡이는 자신과 양을 보호하는 단순한 도구입니다. 그러나 그 지팡이가 하나님의 도구가 되면 기적과 능력을 행하는 하나님의 지팡이가 됩니다.

다윗은 "주의 지팡이와 막대기가 나를 안위하시나이다"(시 23:4)라고 고백했습니다. 두아디라 교회에 보낸 편지에서는 "그가 철장(쇠로 만든 지팡이)을 가지고 그들을 다스려 질그릇 깨뜨리는 것과 같이 하리라"(계 2:27)고 했습니다. 하나님의 지팡이의 위엄과 능력을 밝히고 있습니다.

평범한 모세의 지팡이를 하나님의 지팡이로 쓰신 뜻을 확인해야 합니다. 하나님은 위대한 영웅들보다 보통 사람들을, 탁월한 사람들보다 평범한 사람들을 도구로 쓰셨습니다. 바울은 자신을 "만삭 되지 못하여 난 자"라고 비하했습니다. 그러나 하나님은 바울을 큰 그릇, 큰 지팡이로 쓰셨습니다.

하찮은 지팡이라도 하나님의 도구가 되면 하나님의 지팡이가 될 수 있습니다.

성경

요나가 물고기 뱃속에서
사흘 살았다는 게 사실인가요?

Q 요나가 물고기 뱃속에 들어가 사흘 동안 있었다는 것이 사실인지, 그리고 과학적으로 가능한지요.

A 요나서를 해석하는 입장은 다양합니다. 신화, 전설, 비유, 우화 등으로 해석하는 입장이 있는가 하면, 개혁자 칼뱅은 역사적 사실로 해석했습니다.

요나는 아밋대의 아들이었고, 가드헤벨에서 태어났습니다(왕하 14:25). 그는 선지자 아모스, 호세아와 동시대를 살면서 활동했습니다. 예수님도 "선지자 요나의 표적밖에는 보일 표적이 없느니라"(마 12:39) 하시며 요나의 역사적 활동을 인정하셨습니다.

과학적으로 요나 사건을 해석하는 것은 쉽지 않습니다. 사람이 들어갈 만한 큰 물고기로는 고래상어나 백상아리가 있습니다. 그러나 사흘 동안 뱃속에 머무는 것도, 그렇게 큰 물고기를 때맞춰 만나는 것도 불가능합니다. 그래서 과학적 접근은 신화나 우화로 해석하고 있습니다.

그러나 신앙적 입장은 성경의 내증대로 믿고 수용합니다. 요나는 실존인물이었고, 요나서는 역사적 사건의 기록입니다. 요나서 1장

17절은 "여호와께서 이미 큰 물고기를 예비하사 요나를 삼키게 하셨으므로 요나가 밤낮 삼 일을 물고기 뱃속에 있으니라"라고 했습니다. 성경학자들은 하나님이 요나를 위해 큰 물고기를 준비하셨고 조절하셨다고 해석합니다. 폭풍도, 물고기도, 뱃속에 머문 것도, 육지에 토하게 하신 것도 하나님이 하셨습니다. 그리고 그것은 니느웨를 구원하시려는 하나님의 비상섭리였습니다.

문제는 하나님의 초월성과 그 능력을 믿느냐, 믿지 않느냐에 있습니다.

말씀으로 천지를 창조하셨습니다(창 1장). 죽은 나사로를 살리셨습니다(요 11:43). 과학적 이해가 불가능한 사건들입니다. 창조론을 믿는 과학자들은 하나님의 천지창조를 과학적으로 증빙하고 있습니다.

성경은 과학 교과서는 아닙니다. 그렇다고 비과학적 사건들로 구성되어 있는 것은 아닙니다. 예를 들겠습니다. 과학자들의 하늘 이해는 해와 달과 별이 떠 있는 공간까지입니다. 그러나 성경은 하나님이 계시는 신령한 하늘을 수없이 밝히고 있습니다. 그 세계는 과학적 접근이 불가능합니다. 천지창조의 경우도 "있으라"로 완성하셨습니다.

"사람으로는 할 수 없으나 하나님으로서는 다 하실 수 있느니라"(마 19:26)는 말씀이 요나 사건 이해에 도움 되길 바랍니다.

> 성경

아가서를 읽었는데 하나님 이름이
한 번도 언급되지 않습니다

Q 구약성경 아가서를 읽었습니다. 그런데 단 한 번도 하나님 이름이 언급되지 않습니다.

A 솔로몬은 아가서와 함께 잠언, 전도서를 기록했습니다. 솔로몬은 당대 최고의 국력과 명성, 그리고 지혜를 떨친 왕이었습니다. 그는 3천 개의 잠언, 1천5개의 노래 외에 시들을 짓고, 짐승, 새, 물고기, 곤충 등을 논하는 해박한 지식을 가지고 있었습니다(왕상 3장).

아가서의 정경성은 오랜 기간 논란을 이어오다 주후 90년 얌니아 회의에서 정경으로 인정되었습니다. 유대인들은 유월절 때마다 솔로몬의 노래를 낭독했다고 합니다. 아가서의 정경성 여부가 문제 됐던 것은 하나님의 이름이 언급되지 않고 있다는 이유 외에 남녀 간의 단순한 사랑 이야기라는 이유도 있었습니다.

아가서를 이해하는 세 가지 입장이 있습니다.

첫째, 솔로몬과 술람미의 사랑 이야기입니다.

솔로몬은 이스라엘의 세 번째 왕이고 술람미는 왕족이나 귀족이 아닌 보통 여인이었습니다. 두 사람은 모든 언어를 동원해 서로를 예찬하고 있습니다. 술람미의 검게 그을린 얼굴, 가정배경, 신분도 문제

되지 못했습니다.

둘째, 하나님과 이스라엘의 관계입니다.

대부분의 성경학자들은 솔로몬과 술람미의 관계를 하나님과 이스라엘의 관계로 승화시킵니다. 성경은 하나님은 남편, 이스라엘은 아내로 묘사합니다(사 54:5; 호 2:19). 남편인 하나님과 아내인 이스라엘의 결혼 성사는 다양한 격차 탓으로 불가능합니다. 그러나 하나님의 일방적 선택과 사랑 때문에 부부관계가 성립되고 유지되었습니다.

셋째, 그리스도와 교회의 관계입니다.

바울은 "내가 너희를 정결한 처녀로 한 남편인 그리스도께 드리려고 중매함이로다"(고후 11:2)라고 했고, 계시록 21장 9절은 교회를 "신부 곧 어린양의 아내"라고 했습니다.

아가서는 하나님의 이름이 언급되지 않지만 솔로몬과 술람미의 조건을 뛰어넘은 사랑의 정경으로 사랑받고 있습니다. 술람미는 우리들의 상징이고 예표입니다.

> 성경

성경에 나오는 '남은 자'는 누구이며, 무슨 의미인가요?

 성경에 나오는 '남은 자'는 누구이며, 무슨 의미인지 알려주십시오.

 사물일 때는 '남은 것'(레 2:3)으로, 사람일 때는 '남은 자'로 표기했습니다.

몇 가지 의미를 살펴보겠습니다.

첫째, 우상숭배와 세속화로 하나님의 백성 이스라엘은 흩어지게 됩니다. 그리고 훗날 그들 가운데 남은 자만 예루살렘으로 돌아오게 됩니다.

둘째, 그들은 흩어진 현장에서 신앙을 지킨 소수입니다. 그들은 언제나 하나님 신앙을 지키고 순교적 삶을 산 사람들입니다. 아합과 이세벨에게 다수가 굴종하고 무릎 꿇었을 때 엘리야와 남은 자 7천 명은 바알에게 무릎 꿇지도, 입을 맞추지도 않았습니다(왕상 19:18). 바벨론 포로생활에서 다니엘과 그의 친구들은 생명을 걸고 신상숭배를 거부하고 유일신 신앙을 지켰습니다(단 1:8, 3:18). 남은 자들이었습니다. 문제는 엘리야 시대나 바벨론 포로 시대 상황에서 하나님 신앙을 지키고 선포하는 것이 쉽지 않았다는 것입니다.

셋째, 구원받은 사람들입니다. 성경학자 델리취는 '회개하고 하나님께로 돌아오는 사람들'이라고 했습니다. 이사야 1장 9절은 "만군의 여호와께서 우리를 위하여 생존자를 조금 남겨두지 아니하셨더면 우리가 소돔 같고 고모라 같았으리로다"라고 했습니다. 하나님의 심판으로 소돔, 고모라처럼 멸망했을 터인데 남겨두신 생존자, 남은 자들 때문에 심판을 피하게 된다는 것입니다. 이사야 10장 22절은 "이스라엘이여 네 백성이 바다의 모래 같을지라도 남은 자만 돌아오리니 넘치는 공의로 파멸이 작정되었음이라"라고 했습니다. 포로로 흩어진 사람들이 다수지만 남은 자만 돌아온다는 것은 구원받은 사람들이 소수임을 밝힙니다. 바울은 로마서 11장 5절에서 "그런즉 이와 같이 지금도 은혜로 택하심을 따라 남은 자가 있느니라"라고 했습니다. 바울의 남은 자 사상은 은혜로 택하신 사람들, 구원받은 사람들이라는 것입니다. 그리고 베드로는 그들을 각처에 흩어진 나그네라고 했습니다(벧전 1:1).

그들은 하나님이 미리 아신 사람들, 성령으로 거룩하게 된 사람들, 택함받은 사람들이라고 했습니다. 남은 자란 마지막 심판 때까지 신앙을 지키는 그리스도인 모두를 지칭합니다.

남은 자의 반대말은 떠난 자, 버림받은 자입니다. 나무를 떠난 가지의 생존이 불가능한 것처럼 예수 떠난 생명은 버림받은 생명입니다. 끝까지 남은 자의 자리를 지키십시오.

성경

성경이 말하는 '새로운 피조물'이란 어떤 의미인가요?

Q 성경이 말하는 새로운 피조물이란 어떤 의미인지요. 다시 창조한다는 뜻인가요?

A 새로운 피조물이란 성경적 용어이기 때문에 성경에서 답을 찾아야 합니다.

천지를 창조하신 하나님은 사람을 창조하셨습니다. 천지는 "있으라"는 말씀으로 창조하셨지만 사람 창조는 다릅니다. 흙을 가지고 하나님의 형상대로 만드시고 생기를 코에 불어넣으시고 남자와 여자로 창조하셨습니다. 그리고 에덴동산에 살게 하셨습니다. 그러나 아담과 하와가 뱀의 유혹에 넘어가 하나님이 먹지 말라고 하신 열매를 따 먹고 타락하게 됩니다. 결과는 비참했습니다. 에덴동산에서 추방당했고, 아담은 땀 흘리는 노동을, 하와는 해산의 수고를 하며 살다가 결국엔 흙으로 돌아가게 되었습니다. 이것이 처음 피조물인 인간의 모습입니다.

그러나 성경은 새로운 피조물의 출현을 밝힙니다. "누구든지 그리스도 예수 안에 있으면 새로운 피조물이라 이전 것은 지나갔으니 보라 새것이 되었도다"(고후 5:17).

누구든지 그리스도를 믿고 연합하면 새로운 피조물, 새로운 존재, 거듭난 존재가 된다는 것입니다. 이전 것이 지나갔다는 것은 타락한 죄성, 파괴된 삶이 그리스도와의 연합을 통해 다 지나갔다는 것입니다. 다시 말하면, 누구라도 예수를 믿고 그 말씀을 따라 사는 사람은 구원받은 새 피조물이 된다는 것입니다.

바울은 에베소 교회에 보낸 편지에서 "너희는 유혹의 욕심을 따라 썩어져 가는 구습을 따르는 옛사람을 벗어버리고 오직 너희의 심령이 새롭게 되어 하나님을 따라 의와 진리의 거룩함으로 지으심을 받은 새사람을 입으라"(엡 4:22~24)고 했습니다.

옛 사람은 유혹, 욕심, 구습을 따르는 사람입니다. 새사람은 옛 사람의 구습을 벗어버리고 진리와 거룩함으로 지은 옷을 갈아입은 사람입니다. 옛 사람인가, 새사람인가의 식별은 그의 삶을 통해 드러납니다.

새로운 피조물이란 아담을 창조하듯 새로 빚는다는 것이 아니고, 예수 그리스도를 믿음으로 구원받은 사람들을 의미합니다. 그리고 에덴동산보다 더 완벽한 천국까지 예비하셨습니다.

주님이 친히 말씀하셨습니다. "보라 내가 만물을 새롭게 하노라" (계 21:5).

> 성경

성령을 훼방하는 죄는
왜 사함을 받지 못하나요?

Q 성령을 훼방하는 죄는 왜 사함을 받지 못하는지 알고 싶습니다.

A 성령은 삼위일체 하나님이십니다. 성령의 사역을 한마디로 정의하긴 어렵습니다. 영원 전부터 존재하셨고, 사람 창조에도 함께하셨습니다.

"하나님이 이르시되 우리의 형상을 따라 우리의 모양대로 우리가 사람을 만들고"(창 1:26). 여기서 말하는 '우리'는 성부, 성자, 성령 삼위일체 하나님을 일컫는 말입니다. 삼위일체이신 하나님이 사람을 창조하신 것입니다.

구약에서는 하나님의 영, 신약에서는 성령으로 기술하고 있습니다.

성령은 사람들의 영혼을 감동 감화시켜 진리를 깨닫고 죄를 회개케 하여 구원에 이르게 하십니다.

훼방이란 비방, 모독, 반대를 아우르는 부정적 용어입니다. 성령 훼방죄는 의도적 죄입니다. 바리새인들의 경우 그들의 훼방죄는 조직적이었고 의도적이었습니다. 예수님은 그들의 행위에 대해 "화 있을진저"라고 하셨습니다(마 23장).

용서받을 수 있는 죄는 불완전하고 연약함 때문에 짓는 죄입니다.

베드로의 경우 세 번씩 예수님을 부인했지만 뒤이은 회개 때문에 용서받았습니다(마 26:75). 구약의 경우 부지중 살인한 사람은 도피성 피난으로 생명을 지킬 수 있었고(민 35장), 바울도 부지중 교회를 핍박했지만 사도로 부름받았습니다. "내가 전에는 비방자요 박해자요 폭행자였으나 도리어 긍휼을 입은 것은 내가 믿지 아니할 때에 알지 못하고 행하였음이라"(딤전 1:13).

그러나 용서받지 못하는 죄는 성령을 훼방하는 죄입니다. 다시 말하면, 의도적으로 작심하고 성령님의 존재를 부인하고 모독하는 죄, 성령님의 사역을 사탄의 사역으로 왜곡하는 죄는 사함받지 못합니다. 누구라도 성령을 훼방하는 죄는 용서가 없습니다. "우리가 진리를 아는 지식을 받은 후 짐짓 죄를 범한즉 다시 속죄하는 제사가 없고"(히 10:26). 자발적 범죄 행위를 계속하면 속죄의 길이 없다는 것입니다.

윤리적 죄보다 더 크고 무서운 죄는 성령 하나님의 존재를 부인하고 모독하는 것입니다. 그리고 그 죄는 결코 사함받지 못합니다.

성경

성경에 '하지 말라'는 말씀이 많은데 지나친 규제 아닌가요?

Q 성경을 읽다 보면 '하지 말라'는 말씀이 많습니다. 지나친 규제라는 생각이 들곤 합니다.

A 성경은 모든 인간에게 주신 하나님의 말씀이지만 구약의 특정 대상은 선민인 이스라엘 민족이었고, 신약은 그리스도인입니다.

성경 전체를 요약하는 두 단어가 있습니다. 그것은 '하라'와 '하지 말라'입니다. 모세가 시내산에서 받은 십계명도 '하라'와 '하지 말라'로 구성되어 있습니다. 성경의 모든 규례는 결코 복잡하거나 난해하지 않습니다. 그리고 하라는 것은 하고, 하지 말라는 것은 하지 않는 것이 정도 신앙입니다.

왜 하라, 하지 말라가 강조될까요? 사랑하기 때문입니다. 방치, 방임, 방관은 사랑이 아닙니다. 하나님의 관심은 택한 백성과 주의 이름을 부르는 그리스도인들입니다. 그들을 사랑하고 보호하시는 것이 하나님의 섭리입니다.

예를 들면, 구약의 경우 먹고 마시는 것도 선별하도록 규례를 정하고 있습니다. 선민의 건강한 삶과 이방 부족과의 성별을 위해서였습니다. 먹지 말라는 것들은 대부분 이방 부족들이 분별 없이 즐기는 것들이거나 우상 제물이었습니다. 몸에도 좋고 신앙 유지에도 좋은 것들은 금하지 않았습니다.

   이 원리는 모든 사람에게 적용됩니다. 오염된 식음료와 무분별한 식탐은 현대인을 병들게 만들고 있습니다. "선진국 사람들은 배 아파 죽고, 후진국 사람들은 배고파 죽는다"라는 말이 떠오릅니다. 과식, 과음, 과로가 병의 원인을 제공하는가 하면, 아무것이나 먹고 마시고 아무렇게나 살아도 된다는 그릇된 가치관이 교회 안에까지 스며들고 있습니다.

   하라와 하지 말라는 귀찮은 규제가 아닙니다. 그것은 사랑의 교통 신호이고, 길 안내 표지판입니다. 절대 감속, 입수 금지, 낙석 주의, 차선 지키기, 부패한 음식 조심 등 이런 경고판이나 문자 등이 족쇄가 아닌 것처럼 하지 말라는 말씀 역시 인간을 옥죄는 규제가 아닙니다.

   하라는 것은 하고, 하지 말라는 것은 하지 맙시다.

> 성경

소돔과 고모라가 멸망한 이유는 무엇인가요?

Q 창세기에 나오는 소돔, 고모라가 멸망한 이유를 알고 싶습니다.

A 소돔, 고모라 기사는 창세기 13장부터입니다. 아브라함의 조카인 롯은 여호와의 동산 같고 애굽 땅처럼 비옥한 소돔, 고모라를 선택했고, 아브라함은 척박한 가나안 땅에 거주했습니다. 소돔과 고모라는 조건이 좋은 도시였지만 주민들은 여호와 앞에 악을 일삼는 큰 죄인들이었습니다(창 13:13). 자세한 기사는 창세기 14장, 18장, 19장이 다루고 있습니다.

하나님은 사자들을 보내어 소돔과 고모라의 타락 현장을 확인하도록 하셨습니다. 확인된 죄악은 심각한 수준을 넘어선 동성애였습니다. 남색을 뜻하는 '소도미'의 어근도 '소돔'에서 유래했다고 합니다. 롯의 집을 방문한 하나님의 사자(천사)들을 미남자들로 오인한 소돔 사람들은 노인, 젊은이, 아이들까지 몰려와 롯의 집을 에워싸고 "그들을 내놓으라. 우리가 상관하리라"며 시위를 벌였습니다(창 19:4~5). 더 이상 통제가 불가능한 상황으로 치닫게 되자 하나님은 유황불을 비같이 내려 소돔을 심판하셨습니다(창 19:24).

왜 동성애를 반대하느냐고 묻는 사람들이 있습니다. 그 답은 간단

합니다. 하나님의 창조질서를 부정하고 깨뜨리기 때문입니다. 하나님은 사람을 창조하실 때 남자와 여자를 만드시고 부부가 되어 삶을 공유하도록 하셨습니다(창 1:27, 2:24). 모든 잡다한 이론보다 창조질서가 최우선이기 때문에 무시하거나 부정하면 안 됩니다. 창조질서가 깨지면 가정도, 환경도 무너지게 됩니다.

성경이 동성애를 금합니다. 예를 들겠습니다. "너는 여자와 동침함 같이 남자와 동침하지 말라 이는 가증한 일이니라"(레 18:22, 20:13)라고 했고, "남자가 남자와 더불어 부끄러운 일을 행하여 그들의 그릇됨에 상당한 보응을 그들 자신이 받았느니라"(롬 1:27)라고 했습니다.

가증한 일이다, 부끄러운 일이다, 보응을 받는다며 금하고 있습니다. 왜 반대합니까? 하나님의 질서에 대한 도전이기 때문이고, 성경이 금하고 있기 때문입니다. 소돔과 고모라의 멸망을 반면교사로 삼아야 합니다. 성경대로 따르는 것이 그리스도인의 바른 자세입니다.

성경

"해가 지도록 분을 품지 말라"는 말씀의 뜻은 무엇인가요?

 해가 지도록 분을 품지 말라는 말씀의 뜻을 알고 싶습니다.

 에베소서 4장 26~27절에 기록된 말씀입니다.

"분을 내어도 죄를 짓지 말며 해가 지도록 분을 품지 말고 마귀에게 틈을 주지 말라."

억울한 감정 때문에 분을 낼 수 있고, 의분도 있습니다. 그러나 죄를 짓지 말라, 분을 품지 말라, 마귀에게 틈을 주지 말라고 교훈합니다.

유대인의 날짜 계산을 따르면 해가 지면서 다음 날이 됩니다. 그러니까 해가 진 이후까지 분을 품는 것은 이틀째 분을 품게 됩니다. 긴 시간, 오랫동안 분을 품지 말라는 것입니다.

분노는 그리스도인의 영적 삶을 파괴합니다. 달걀을 품으면 병아리가 나오고, 독사의 알을 품으면 독사가 나오는 이치와 같습니다.

분을 품고 있으면 충동적 분노가 폭발하고, 예기치 못한 범죄로 이어지게 됩니다. 핵폭탄이 터지는 시간은 0.01초라고 합니다. 그러나 폭발 이후의 참상은 0.01초로 끝나지 않습니다.

특히 경계할 것은 분을 낼 때마다 사탄에게 틈을 준다는 것입니다. 틈을 준다는 뜻은 장소를 제공한다, 기회를 준다는 것이어서 심각한 사태가 벌어집니다. 초기 기독교 교부였던 크리소스톰은 "분을 내어라. 그러나 죄는 짓지 말라"고 했습니다. 의분도 계속 품으면 부정적 행동을 낳게 됩니다.

마귀는 틈새 노리기의 명수입니다. 분노를 부추겨 더 큰 분노를 만들고, 교회 공동체를 파괴하고, 국가 공동체를 분열시킵니다.

현대인은 분노 조절장애의 덫에 걸려 있습니다. 언제 어디서 어떤 형태로 터질는지 예측 불허입니다. 그러나 교회는 분노를 조절하고 수위를 낮추는 신령한 오아시스가 되어야 합니다. 그리고 그 여파가 가정과 일터와 삶의 현장으로 파급되도록 선한 영향력을 퍼뜨려야 합니다.

신학자 칼뱅은 "마음에 분노가 가득 차기 전에 반드시 풀어야 한다"라고 말했습니다.

"노하기를 더디 하는 자는 용사보다 낫고 자기의 마음을 다스리는 자는 성을 빼앗는 자보다 나으니라"(잠 16:32).

> 성경

부모에게 '순종하라'와 '공경하라'의 차이는 무엇인가요?

 부모에게 순종하라와 공경하라의 차이점은 무엇인가요?

 바울은 에베소 교회에 보낸 서신에서 아내와 남편(엡 5:22~33), 자녀와 부모(6:1~4), 종과 상전(6:5~9)의 윤리를 다루고 있습니다.

자녀에게 주는 교훈은 "자녀들아 주 안에서 너희 부모에게 순종하라 이것이 옳으니라 네 아버지와 어머니를 공경하라 이것은 약속이 있는 첫 계명이니 이로써 네가 잘되고 땅에서 장수하리라"입니다.

순종은 뜻을 따르고 대들거나 거역하지 않는 자세를 말합니다.

주 안에서 순종하라는 것은 그리스도인의 순종은 차별화되어야 함을 뜻합니다. 다시 말하면, 주님의 가르치심과 뜻을 따르고 순종하는 것이 부모에 대한 순종보다 우선이라야 합니다. '주 안에서'라는 용어는 바울의 애용구로, 그의 서신 안에서 153회 언급되고 있습니다.

바른 순종은 바른 분별이 전제될 때 성립됩니다.

공경하라는 것은 돌봄, 섬김, 배려가 포함된 효행을 의미합니다. 부모에 대한 효도는 존경과 인정, 진정성 있는 섬김이 동시적이라야 합니다.

순종이 이론이라면 공경은 실천으로 볼 수 있습니다.

순종하고 공경하면 잘되고 장수하리라는 것은 이미 구약에 약속된 구절입니다. "네 부모를 공경하라 그리하면 네 하나님 여호와가 네게 준 땅에서 네 생명이 길리라"(출 20:12).

부모에게 순종하고 공경하라는 것은 단순 윤리 규범이 아닙니다. 제5계명이고, 하나님이 이스라엘에게 주신 명령입니다.

잘되리라는 것은 효도에 대한 보상과 상급의 약속입니다. 장수하리라는 것은 무의미한 생명의 연장이 아니라 건강과 가치를 겸한 삶을 주신다는 것입니다. 장수 그 자체보다 어떻게 사느냐, 무엇을 하느냐가 더 소중합니다. 짧더라도 굵은 삶, 하나님의 뜻을 따르고 실천한 삶이 장수의 복인 것입니다.

나를 낳아주시고 기르신 부모도 사랑하지 못하는 사람이 보이지 않는 하나님을 사랑한다는 것은 자가당착입니다. 효 윤리가 실종되고 있는 데 반해 성경은 거듭 효를 강조하고 있습니다.

바른 효의 회복과 실천운동이 교회와 그리스도인의 가정에서 일어나야 합니다. 그리고 그 운동이 국민운동으로 번져나가야 합니다.

> 성경

베드로는 자신에게 절하려던 고넬료를 왜 만류했나요?

Q 성결교 원로장로입니다. 고넬료가 베드로에게 절하는 것을 왜 막았을까요?

A 당시 가이사랴 지역에는 로마 군대가 주둔하고 있었고, 고넬료는 1백 명의 군대를 지휘하는 백부장이었습니다. 고넬료가 어떤 경로를 통해 신앙인이 되었는지 밝혀진 바 없지만 그는 경건한 로마군 장교였습니다. 하나님을 경외했고, 구제와 기도를 힘썼습니다. 그리고 유대인들의 칭찬을 받고 있었습니다.

그는 베드로를 초청하라는 천사의 지시를 따라 욥바에 있는 베드로를 초청합니다. 베드로 역시 환상을 통해 임한 하나님의 지시를 따라 고넬료의 집을 방문합니다. 베드로가 집에 들어서자 고넬료는 발 앞에 엎드려 절하는 것으로 영접했습니다. 이것은 존경과 경외의 표시였고, 황제숭배가 몸에 배어 있는 로마인에게는 흔한 일이었습니다.

고넬료 입장에선 신적 경외심의 표현이었지만 베드로 입장에서는 신적 존경과 경외는 유일하신 하나님만 받으셔야 하기 때문에 자신도 사람이라며 만류한 것입니다. 이것은 베드로의 인간 선언이기도

합니다.

영적 권위를 인정하고 높이는 것은 바람직합니다. 그러나 하나님이 받으실 영광과 경외를 가로막는 일, 신적 위치에 오르려는 교만, 그런 행위를 조장하는 일 등은 옳지 못합니다.

존경과 숭배는 그 뜻이 동일하지 않습니다. 존경은 최상의 예의이고, 숭배는 신적 존재로 높이는 것입니다. 자신의 지위와 권력 과시를 위해 원형극장으로 나간 헤롯을 맞은 군중들은 헤롯을 신격화해 환호했고, 헤롯은 신인 양 군림했습니다. 집권자라면 누구에게나 있을 수 있는 일이었습니다. 그러나 그 일을 지켜본 하나님의 조치는 무서웠습니다. 그는 장 출혈로 고통받다가 54세 나이에 세상을 떠났습니다.

베드로와 고넬료가 취한 일련의 행동들은 큰 교훈을 줍니다. 영적 권위를 인정하고 존경할 것, 신의 자리에 오르려는 시도를 멈출 것, 그리고 하나님의 지시와 명령을 가감 없이 따르고 지킬 것 등을 교훈하고 있습니다.

성경

히브리서에서 예수를 '큰 대제사장'으로 기록한 이유는 무엇인가요?

Q 히브리서를 읽고 있습니다. 예수님을 큰 대제사장이라고 했는데 그 뜻을 알고 싶습니다.

A 이스라엘 백성이 하나님께 드리는 대표적 5대 제사는 번제, 소제, 화목제, 속죄제, 속건제였고, 하나님이 제정하신 제물과 절차대로 드렸습니다. 대표적 3대 절기는 유월절(무교절), 칠칠절(맥추절), 초막절(장막절)입니다. 그 외에도 수많은 절기들이 있었습니다.

5대 제사의 경우 집전은 제사장 책임이었고, 속죄제는 1년 1차 대속죄일에 대제사장이 지성소에 들어가 이스라엘 백성의 죄를 사함 받기 위해 드리는 제사입니다. 이 경우, 대제사장도 먼저 자신의 죄를 사함받는 제사를 드려야 했고, 매해 반복해 드렸고, 유효기간이 정해져 있었습니다.

제사를 전담한 제사장은 레위 지파 아론의 후손이라야 했고, 그들을 대표하는 그 제사장을 대제사장이라 불렀습니다. 제사장은 거룩하고(출 29:9) 무흠해야 했습니다(레 21:21).

그러나 히브리서는 국면 전환을 선포합니다. "다시 죄를 위하여 제사드릴 것이 없느니라"(히 10:18). 대제사장이 매년 속죄의 제사를 드릴 필요가 없다는 것입니다.

그 이유를 여러 구절에서 설명하고 있습니다. "우리에게 큰 대제사장이 계시니 승천하신 이 곧 하나님의 아들 예수시라 우리가 믿는 도리를 굳게 잡을지어다"(히 4:14)라고 했습니다. 예수 그리스도가 큰 대제사장이라는 것은 구약의 대제사장과의 차별됨을 밝히는 것입니다. 큰 대제사장이신 예수 그리스도는 염소와 송아지의 피로 하지 아니하고 오직 자기의 피로 영원한 속죄를 이루사 단번에 성소에 들어가셨습니다(히 9:12). 그 결과 "우리가 거룩함을 얻었노라"(히 10:10)라고 증언합니다. 그것은 예수 그리스도의 피로 드린 영원한 제사였기 때문에 대제사장이 해마다 드렸던 속죄의 제사와는 차별화된다는 것입니다.

속죄의 제물이 흠 없는 것이어야 했던 것처럼 예수 그리스도는 죄가 없으신 영원한 속죄의 제물이셨고(히 4:15), 하나님 우편에 앉으시고(히 10:12), 큰 대제사장이신 예수 그리스도는 세상을 심판하러 다시 오십니다(계 22:20).

성경

'어린양의 피에 그 옷을 씻어 희게 하였다'는 말씀의 뜻은 무엇인가요?

Q 세탁소를 운영하고 있는 안수집사입니다. 요한계시록 7장 14절에 어린양의 피에 그 옷을 씻어 희게 하였다는 구절이 있습니다. 어떻게 희게 될 수 있는지요.

A 흰색 천을 피에 씻으면 검붉은색이 되고 결코 흰색이 될 수 없습니다. 흐르는 냇물이나 샘물로 세탁하던 시절이 있었습니다. 하지만 지금은 기술 발달로 전자동 기계로 세탁합니다. 그러나 흰옷을 붉은 물감으로 씻으면 붉은 옷으로 바뀌는 것은 화학 법칙입니다.

성경은 여러 곳에서 옷 이야기를 다룹니다. 아담과 하와가 자신들의 치부를 가리기 위해 나뭇잎으로 치마를 만들어 입었고, 하나님은 그들을 위해 가죽옷을 만들어 주셨습니다(창 3:21). 성경학자들은 그 가죽은 어린양 가죽이었고, 어린양이신 예수 그리스도의 그림자였다고 해석합니다. 바울은 "오직 주 예수 그리스도로 옷 입고"(롬 13:14)라고 했고, "옛사람을 벗어 버리고 새 사람을 입으라"라고 했습니다(엡 4:22~24). 그리고 요한계시록은 흰옷 입은 사람들 이야기를 합니다(계 7:13~14). 흰옷 입은 사람들은 구원받은 사람들이고, 그들이 입고 있는 흰옷은 구원받은 거룩한 표입니다.

그러나 삶의 과정에서 더러워진 흰옷은 세탁하는 방법이 다릅니다. 씻는 재료가 물이나 표백제가 아닙니다. 십자가에서 흘린 예수 그리스도의 보혈이고, 씻는 방법은 그를 믿는 것이어서 일반 세탁 방법과 같지 않습니다. 흰옷을 세마포라고도 했고, 세마포 옷은 "성도들의 옳은 행실이로다"(계 19:8)라고 했습니다.

죄로 더러워진 사람이라도 예수 그리스도의 보혈로 씻으면 깨끗하게 된다는 것은 구원의 복음이고 은혜입니다. 그리고 희고 깨끗한 세마포는 예수 그리스도를 구주로 믿고 고백한 사람들에게 주시는 큰 선물입니다.

피로 씻어 희게 된다는 것은 기계 세탁 이론이 아니고 영적 변화이며, 거듭남을 의미합니다.

성경

선지자 엘리야와 세례 요한은 어떤 공통점이 있나요?

Q 신학교 재학 중입니다. 선지자 엘리야와 세례 요한은 어떤 공통점이 있는지요.

A 엘리야는 디셉 출신으로 북왕국 이스라엘 아합 왕 때 활동한 선지자입니다. 세례 요한은 제사장 사가랴의 아들로 태어나 예수님의 길을 예비하는 사명을 수행한 선구자였습니다. 엘리야와 세례 요한의 공통점을 찾아보겠습니다.

첫째, 자연친화적 삶을 살았습니다. 엘리야와 요한은 일정한 주거지가 없었습니다. 산과 들이 거처였고, 먹고 마시는 것도 일정한 주식이 없었습니다. 요한의 경우 약대 털옷을 입고 메뚜기와 석청을 먹는 자연인이었습니다.

둘째, 절대권력과 맞섰습니다. 엘리야가 활동하던 때 북왕국 이스라엘의 왕은 아합이었습니다. 그는 이방 여자 이세벨과 결혼하고 우상숭배와 폭력정치로 나라를 망치고 있었습니다. 권력에 아부하는 사람들은 바알 우상숭배에 편승하고 유일신이신 하나님 신앙을 저버렸습니다.

엘리야는 주저하지 않고 아합과 이세벨의 범죄를 경책했고, 그것은 목숨을 건 영적 싸움이었습니다. 세례 요한의 상대는 헤롯 왕이었습니다. 그는 성경이 금한 근친상간죄를 범하는가 하면 폭정을 일삼고 있었습니다. 세례 요한은 헤롯 왕의 범죄를 질타하고 경고했습니다.

절대권력에 맞서는 것은 생명을 걸어야 하는 모험이고 결단입니다. 그런데 엘리야와 요한은 시대상황은 다르지만 겁내지 않고 정도와 정의를 선포했습니다.

셋째, 박해와 순교입니다. 엘리야는 아합과 이세벨의 야만적 박해를 피해 호렙산 도피길에 들어서야 했고(왕상 19장), 세례 요한은 헤롯의 칼에 순교를 당하게 됩니다(마 14:10).

넷째, 하나님의 뜻을 따르고 산 삶이 동일합니다. 권력 주변을 기웃거리거나 맴도는 사람들은 기대치가 있거나 약점이 있기 때문입니다. 그러나 엘리야와 세례 요한은 하나님의 뜻을 따르고 그 뜻을 이루는 데 삶을 바쳤습니다.

두 사람은 하나님의 종 된 우리 모두가 따르고 배워야 할 삶의 자취를 남겨주었습니다. '예'와 '아니오'를 분명히 하고 살아야겠습니다.

> **성경**
>
> # 야곱이 에서에게 "형님 얼굴이 하나님의 얼굴 같다"고 말한 이유는 무엇인가요?

Q 창세기를 읽고 있습니다. 야곱이 형 에서를 만났을 때 '형님 얼굴이 하나님의 얼굴 같다'고 했습니다.

A 야곱은 이삭의 둘째 아들로 태어나 죽기까지 험악한 세월을 보냈습니다(창 47:9). 그는 출생부터가 순탄하지 못했습니다. 형 에서의 발꿈치를 잡고 태어난 그는 장자의 명분을 붉은 죽으로 사는가 하면, 아버지와 형을 속이고 장자가 받는 복을 받게 됩니다. 그 후 형의 증오를 피해 하란 도피 길에 오르고, 벧엘에서 사닥다리 계시를 받게 됩니다. 하란에 머무는 동안 야곱은 엄청난 부를 이루게 되지만 그의 바람은 고향으로 돌아가는 것이었습니다.

문제는 에서였습니다. 야곱이 가족과 짐승 떼를 이끌고 귀향한다는 소식을 접한 에서는 4백 명 장정을 이끌고 야곱을 처단하기 위해 마주 오고 있었습니다. 여기서 야곱은 하나님의 도움을 요청하는 한편, 자신의 지혜를 동원하여 에서를 맞을 전략을 준비합니다. 그는 가족들을 떼로 나눠 만일의 사태에 대비하고, 형의 환심을 사기 위해 예물을 준비합니다. 정확하진 않습니다만 야곱의 예물은 시가 8억이 넘습니다.

그러나 중요한 것은 브니엘에서 하나님의 사람과 씨름한 후 이스라엘이라는 이름을 얻고 문제를 풀었다는 것입니다(창 32:28). 그는 에서를 '주'라고 부르는가 하면 '형님의 얼굴을 뵈온즉 하나님의 얼굴을 본 것 같다'고 합니다(창 33:8, 10). 이 호칭을 위기모면을 위한 과장으로 보는 사람들이 있는가 하면 브니엘 씨름 이후 야곱이 이스라엘로 변한 것처럼 증오와 복수로 가득했던 에서의 마음과 얼굴도 변했다고 보는 성경학자들도 있습니다.

에서와 야곱의 해후 장면이 그 사실을 증명해 줍니다. 그러나 에서의 얼굴이 곧 하나님의 얼굴이라는 뜻은 아닙니다. 증오로 일그러져 있어야 할 에서의 얼굴이 부드러운 화해자의 얼굴로 변할 수 있었던 것은 브니엘 사건 이후 하나님이 에서의 마음을 변화시키셨기 때문입니다.

예수님의 마음을 품으면 표정과 언행이 변화됩니다.

야곱이 천사와 씨름하고 이겼다는데 가능한가요?

Q 다섯 번째 성경을 읽고 있습니다. 늘 많이 읽지 못하는 아쉬움이 있습니다. 야곱이 천사와 씨름하고 이겼다고 하는데 어떻게 그것이 가능한지요.

A 성경 읽기는 많이 읽는 다독, 빨리 읽는 속독, 쓰면서 읽는 필독 등이 있습니다. 그러나 속도는 느려도 정독도 중요합니다. 얼마나 많이 읽느냐보다 읽고, 깨닫고, 실천하는 결단이 더 중요합니다. 중단하지 말고 계속 읽으시길 당부합니다.

야곱의 씨름 기사는 창세기 32장에 나옵니다. 그런데 야곱의 씨름 상대를 천사라고 밝히고 있진 않습니다. "어떤 사람"(창 32:24), "그 사람"(창 32:25)이라고 했고, "네가 하나님과 및 사람들과 겨루어 이겼음이니라"(창 32:28)라고 했습니다. 야곱이 이름을 물었지만 대답은 없습니다(창 32:29).

성경학자들은 여호와의 천사, 사자였다고 해석합니다. 야곱 자신은 "내가 하나님과 대면하여 보았으나 내 생명이 보전되었다"(창 32:30)고 했습니다.

문제는 하나님의 사자와 야곱의 씨름입니다. '씨름하다'의 뜻은 '먼지를 일으키다. 단단히 붙잡다'입니다. 흙먼지가 일어날 정도의 격렬한 씨름이었고, 자신의 목숨을 건 필사적 영적 싸움이었고 기도였습니다.

그리고 야곱에게 씨름을 먼저 제안한 것도 하나님의 의도된 사건이었습니다.

인간 야곱과 하나님의 사자인 천사와의 씨름은 이미 승부가 결정난 싸움이었습니다. 어떤 경우도 야곱은 천사를 이길 수 없습니다.

밤중부터 새벽까지 계속된 씨름, 거기다 야곱은 천사의 가격으로 엉덩이뼈까지 위골되는 상처를 입게 됩니다. 엉덩이뼈(환도뼈)는 엉덩이 좌우 골반을 형성하는 넓적다리뼈로, 몸 전체를 받쳐주는 지지대와 같습니다.

야곱의 품성은 이기는 것입니다. 이기기 위해서 수단과 방법을 가리지 않았습니다. 형 에서를 이겼고, 외삼촌 라반을 이겼습니다. 그러나 천사와의 씨름은 하나님이 세우신 계획을 따라 진행되었고, 야곱을 위해 천사가 져 준 씨름이었습니다. 져 주는 것은 힘 가진 강자만 가능하니까요.

성경

베드로에게 천국 열쇠를 주신다고 했는데, 잠금장치가 있나요?

Q 베드로에게 천국 열쇠를 주신다고 했는데, 천국에도 잠금장치가 있는지요.

A 자물쇠의 시작은 BC 4천 년대로 거슬러 올라갑니다. 고대 이집트와 바빌로니아 시대에 나무로 만든 자물쇠를 사용했고, 로마 시대에는 철로 만든 자물쇠를 사용했습니다. 현대는 전자 도어락, 카드, 생체 인식, 그리고 스마트폰으로 집 안의 기기들을 조정하고 있습니다.

예수님이 베드로에게 천국 열쇠를 주겠다고 하신 것은 쇠붙이로 만든 열쇠를 주겠다는 뜻이 아닙니다. 천국은 신령한 나라입니다. 그래서 철 대문도 없고, 잠금장치도 없는 나라입니다. 물론 천국 문을 지키는 문지기도 없습니다.

다윗 왕국에서 국고를 맡은 셉나가 열고 닫는 열쇠를 가지고 있었지만 관리 부정으로 경질됩니다(사 22:22). 계시록 3장 7절은 예수님께서 다윗의 열쇠를 가지셨다고 말씀합니다. 천국 문을 열고 닫는 권세, 구원을 허락하시는 전권은 오직 예수 그리스도에게만 있다는 것입니다.

베드로에게 열쇠를 주겠다는 것을 천주교는 베드로가 교회의 전권을 맡았고 후계자인 교황이 그 전권을 물려받았다고 해석합니다. 그러나 개혁신학자들은 "이방인에게 복음의 문을 열 사명을 베드로에게 주신 것이다", "사도직을 맡긴 것이다"라고 해석합니다. 다시 말하면, 베드로가 사도로서 거룩한 사명을 맡아 구원의 역사를 위해 사역할 것을 의미한다는 것입니다.

위에서 언급한 대로 천국에 들어갈 때 베드로가 가진 열쇠로 문을 여는 것은 아닙니다. 예수님 외에 그 누구도 천국 열쇠를 가질 수 없습니다. 예수님 외에는 구원의 길이나 문이 없기 때문입니다. 교황이 천국 열쇠를 가지고 있다며 전권을 휘두른 데서 중세교회의 타락이 시작되었습니다.

지상교회는 많은 사람을 구원의 길로 이끄는 사명을 맡았지만 천국 입성의 열쇠를 가진 것은 아닙니다. 베드로에게 주신 열쇠는 금속 열쇠가 아닌 신령한 열쇠이며, 사명의 열쇠라는 게 바른 해석입니다.

> 성경

300명 기드온 용사가 미디안 군대를 물리친 게 가능한가요?

Q 사사기를 보면 기드온이 3백 명으로 미디안 군대를 이긴 기사가 나옵니다. 어떻게 그런 일이 가능한가요?

A 기드온은 이스라엘의 다섯 번째 사사였습니다. 사사는 당시 이스라엘 공동체의 지도자로, 하나님의 소명을 받은 사람들이었습니다. 기드온은 전쟁 경험도, 전투 훈련도 받은 일이 없는 농부였습니다. 당시 이스라엘을 괴롭힌 부족은 미디안이었습니다. 그들은 때를 가리지 않고 침략과 약탈을 일삼았습니다. 그때 하나님이 기드온을 부르셨고 큰 용사로 삼으셨습니다(삿 6:12).

미디안과 싸우기 위해 자원한 사람의 수는 3만 2천 명이었고, 그 가운데 3백 명만으로 정예화하도록 명하신 분은 하나님이셨습니다.

모병, 선별, 정예화, 전략, 실전, 그 어느 것도 기드온의 의지나 작품이 아니었습니다. 하나에서 열까지 대승리를 이루기까지 하나님이 섭리하셨습니다. 그러니까 기드온이 3백 명으로 이긴 것이 아니고 하나님이 이기게 하신 것입니다.

성경에 나오는 숱한 사건은 관점에 따라 이해와 해석이 달라집니다. 아브라함이 당시 부족국가 간에 일어난 전쟁에서 포로가 된 롯을 구하기 위해 318명을 이끌고 나가 전승을 이룹니다. 이것도 전략적으로 이해가 안 되는 사건입니다(창 14:16). 모세가 지팡이 하나 들고 애굽에 들어가 애굽 왕 바로와 맞서 영적 전쟁을 벌일 때 사용하던 무기는 '하나님의 지팡이'였습니다(출 4:20).

다윗도 예외가 아닙니다. 그는 베들레헴 소년 목동이었습니다. 블레셋 적장 골리앗은 신장 297센티미터, 갑옷 60킬로그램에 놋 방패, 놋 각반, 놋 단창으로 무장한 장수였습니다. 그와 맞선 다윗은 "여호와의 구원하심이 칼과 창에 있지 아니함을 이 무리에게 알게 하리라 전쟁은 여호와께 속한 것인즉 그가 너희를 우리 손에 넘기시리라"(삼상 17:47)라고 했습니다. 대결은 다윗의 승리였고, 하나님의 승리였습니다. 앗수르 산헤립의 18만 5천 대군을 하룻밤 사이 시체로 만든 것도 하나님의 섭리였습니다.

성경은 상식이나 과학적 접근으로 이해하고 해석해서는 안 됩니다. 순수한 믿음으로 접근해야 합니다.

예수님의 말씀이 정답입니다. "사람으로는 할 수 없으되 하나님으로는 그렇지 아니하니 하나님으로서는 다 하실 수 있느니라"(막 10:27).

성경은 믿음의 눈으로 읽고, 깨닫고, 실천해야 합니다.

> 성경

베드로는 예수님을 어떻게 세 번이나 부인했을까요?

Q 제자 베드로가 예수님을 세 번이나 부인했습니다. 어떻게 그럴 수 있을까요?

A 베드로는 갈릴리 바다에서 고기 잡던 어부였습니다. 그가 예수님의 부르심을 받고 제자가 됩니다. 예수님의 제자가 된 사람들은 대부분 보통사람들이었고, 일방적 선택으로 삶을 함께했습니다. 예수님이 베드로를 제자로 부르셨을 때 그는 모든 것을 버려두고 예수님을 따랐습니다(눅 5:11).

그는 평소 수차례 자신의 충성을 맹세하곤 했습니다. "모두 주를 버릴지라도 나는 결코 버리지 않겠나이다"(마 26:33), "내가 주와 함께 죽을지언정 주를 부인하지 않겠나이다"(마 26:35), "주여 내가 주와 함께 옥에도, 죽는 데에도 가기를 각오하였나이다"(눅 22:33), "주를 위하여 내 목숨을 버리겠나이다"(요 13:37)라고 했습니다.

그러나 예수님은 베드로의 연약함을 알고 계셨습니다. "오늘 밤 닭 울기 전에 네가 세 번 나를 부인하리라"(마 26:34)라고 하셨습니다.

베드로는 충동적 성격의 소유자였습니다. 다른 제자들보다 앞장서서 자신의 충성도를 표현했고 장담했습니다. 그러나 그는 약한 존재여서 자신의 장담을 지키지 못한 채 세 번씩이나 예수님을 부인하기에 이릅니다. 장담이 실언이 된 것입니다.

신앙생활을 바로 하기 위해선 다짐이 필요합니다. 그러나 장담은 삼가는 게 좋습니다. 장담을 실행하지 못하면 허풍이 되기 때문입니다.

베드로는 사람 앞에서 부인했고, 그 사람을 알지 못하노라고 부인했고, 저주하고 맹세하며 그 사람을 알지 못하노라고 부인했습니다(마 26:69~75).

부인한 것으로 끝났다면 가룟 유다와 다를 바 없었을 것입니다. 그러나 베드로에겐 회개가 있었습니다. "닭 울기 전에 네가 세 번 나를 부인하리라 하심이 생각나서 밖에 나가서 심히 통곡하니라"(마 26:75).

그 이후 베드로는 그리스도 예수의 증인이 되었고, 초대교회를 이끌었고, 순교의 피로 자신의 맹세를 지켰습니다. 지키지 못할 맹세는 삼가는 게 좋고, 서원한 것은 해로울지라도 지키는 게 옳습니다(시 15:4).

성경

부활한 몸이 음식을 먹을 수 있나요?

Q 부활하신 예수님이 구운 생선을 잡수셨습니다. 부활한 몸도 음식을 먹을 수 있는지요.

A 부활 이전과 이후의 상태는 전혀 다릅니다. 부활 이전은 생로병사를 겪어야 하지만, 부활 이후는 시간과 공간의 제약을 받지 않습니다. 예수 믿고 구원받은 사람은 생명의 부활을, 구원받지 못한 사람은 심판의 부활을 하게 됩니다. "선한 일을 행한 자는 생명의 부활로, 악한 일을 행한 자는 심판의 부활로 나오리라"(요 5:29)는 말씀대로 됩니다.

제자들은 부활하신 예수님을 무서워하여 그 보는 것을 영으로 생각했습니다(눅 24:37). 그러나 예수님은 "내 손과 발을 보고 나인 줄 알라 또 나를 만져보라 영은 살과 뼈가 없으되 너희 보는 바와 같이 나는 있느니라"라고 하시며 손과 발을 보여주셨습니다(눅 24:39~40).

부활은 영의 부활만이 아니고 육의 부활도 함께 이뤄집니다. 그리고 예수님의 경우 구운 생선도 잡수셨습니다(눅 24:42~43). 다시 말하면, 잡수실 수도, 잡수시지 않을 수도 있습니다. 닫힌 문을 직접 여실 수도 있고, 열지 않고 들어가실 수도 있습니다. 생명의 부활에 참여

한 사람들은 천국에서 영원한 삶을 누리게 되지만, 심판의 부활은 지옥에서 영원한 삶을 이어가게 됩니다.

요즘 교인들은 지옥이나 심판에 관한 이야기를 싫어한다고 합니다. 이유는 현세의 삶이 풍요롭고 만족스럽기 때문이고, 좋은 것들에만 길들어 있기 때문이라고 합니다.

그러나 천국과 지옥은 분명히 존재합니다. 예수는 믿지만 내세는 없다고 하거나, 천국은 믿지만 지옥은 믿지 않는다고 하는 것은 신앙의 바른 자세가 아닙니다.

부활한 몸은 먹고 마시는 것, 병들고 죽는 것을 초월합니다.

바울은 "우리 주 예수 그리스도로 말미암아 우리에게 승리를 주시는 하나님께 감사하노니"(고전 15:57)라고 했습니다. 사망을 이기고 부활의 승리를 주신 하나님께 드린 감사이며, 바울의 개가입니다.

그리스도인의 믿음과 소망은 부활과 영원한 생명에 있어야 합니다.

성경

이 땅에 예수님이 오신 목적은 무엇인가요?

Q 예수님의 탄생 연대와 이 땅에 오신 목적이 무엇인지 알고 싶습니다.

A 교회가 지키는 성탄일은 12월 25일입니다. 그러나 기원전 4~6년 설을 주장하는 학자들도 있습니다. 예를 들면, 아기 예수를 죽이려 했던 헤롯 왕은 기원전 4년에 사망했기 때문에 예수님의 탄생은 그 이전이라는 설입니다. 로마 황제 아우구스투스의 호적령으로 인구조사를 실시한 것이 기원전 6년경이었기 때문에 예수님의 탄생은 기원전이었다는 설도 있습니다. 그리고 동방박사들이 바라본 베들레헴의 별은 기원전 5년에 있었던 밝은 혜성이었을 것이라고 보는 학자들도 있습니다.

예수님의 탄생 연대는 계속 논의되고 연구가 진행되고 있습니다. 중요한 것은 탄생의 연월일시가 아닙니다. 탄생의 의미와 목적이 더 중요합니다.

첫째, 예언의 성취입니다.

구약의 모든 예언은 그대로 성취되었습니다. 예를 들면, 베들레헴에서 탄생하신다는 예언대로(미 5:2) 베들레헴에서 나셨습니다(마 2장).

미가 선지자의 예언이 7백 년 후에 성취된 것입니다. 예수님이 멸시 천대를 받고 십자가의 고난을 겪게 되리라는 이사야의 예언(사 53:3)이 마태복음 26장 67절에서 성취됩니다. 은 30에 팔리리라는 스가랴의 예언(슥 11:12~13)이 마태복음 26장 15절에서 가룟 유다가 은 30에 예수님을 팔아넘김으로 성취됩니다.

둘째, 구원입니다.

인간을 죄에서 구원하시려는 하나님의 섭리는 "하나님이 세상을 이처럼 사랑하사 독생자를 주셨다"로 요약됩니다(요 3:16). 그리고 자기를 낮추시고 죽기까지 복종하셨습니다(빌 2:8). 예수님이 직접 하신 말씀을 보아도 오신 이유와 목적이 명확합니다. "인자가 온 것은 잃어버린 자를 찾아 구원하려 함이니라"(눅 19:10), "내가 온 것은 양으로 생명을 얻게 하고 더 풍성히 얻게 하려는 것이라"(요 10:10).

베들레헴 작은 마을에 오신 예수님, 구원하시고 생명을 주러 오신 예수님을 마음의 구유에 모시고 경배하는 것이 구주 성탄을 맞는 바른 자세입니다.

성경

성경이 정한 왕의 자격이란?

 성경이 정한 이스라엘 왕의 자격과 그에 알맞은 왕은 누구였는지요.

 이스라엘 왕의 자격은 신명기 17장 14~20절에 나옵니다. 이 자격은 하나님이 정하신 것입니다.

요약해 보겠습니다.

① 하나님이 택하신 사람입니다. 왕은 하나님이 택하신 백성을 다스려야 하며 백성이 왕을 선택할 수 없습니다.

② 마병을 많이 두지 않아야 합니다. 군비를 확장하고 자신의 군사력을 신뢰하거나 과시하지 않아야 합니다.

③ 아내를 많이 두지 않아야 합니다. 자신의 권력을 빌미로 하나님이 정하신 성윤리를 파괴하고 도덕성에 결점을 가진 사람은 왕이 될 수 없습니다.

④ 자신을 위해 금과 은을 축재하면 안 됩니다. 재물 관리가 깨끗해야 국가경제를 바르게 관리할 수 있기 때문입니다.

⑤ 하나님의 말씀을 가까이하고 지켜야 합니다.

하나님이 위임해 주신 이스라엘을 다스릴 왕은 하나님을 경외하고 그 말씀을 통치 근간으로 삼아야 합니다.

사울, 다윗, 솔로몬은 120년 통일왕국을 이끈 왕들이었습니다. 그러나 세 왕도 함량 미달이었고, 숱한 허물을 남겼습니다. 사울 왕조는 탐욕과 불신으로 무너졌고, 솔로몬 왕조는 우상숭배와 성윤리의 타락으로 무너졌습니다.

두 왕에 비해 다윗은 성군으로 꼽히지만 그 역시 왕권의 힘으로 밧세바를 범하는 죄를 저질렀습니다. 그러나 다윗의 경우 철저한 회개를 통해 하나님과의 관계를 회복했고, 하나님의 절대주권을 높임으로 메시아의 조상이 됩니다.

이스라엘 통일왕국 세 왕과 남북 왕조의 왕들 39명을 합하면 왕의 수가 42명입니다. 그런데 단 한 사람도 하나님이 정하신 왕의 자격에 맞는 사람은 없었습니다.

민선으로 선택하는 국가 지도자들 역시 다를 바 없습니다. 바울은 "다 치우쳐 함께 무익하게 되고 선을 행하는 자는 없나니 하나도 없도다"(롬 3:12)라고 했고, 칼뱅은 '전적 타락'이라고 정의했습니다.

그러나 다윗처럼 자신의 잘못을 통렬하게 시인하고 회개하는 그런 사람이 영적 리더가 되고 정치 지도자가 되는 게 바람직합니다.

진리 분별

기도원이 도피성 피난처인가요?

Q 지정학적으로 자기네 기도원이 도피성이고 피난처라고 말하는 이가 있습니다.

A 도피성은 현존하지도, 그리고 지정학적 의미도 없습니다.
일찍이 모세에게 "너희를 위하여 성읍을 도피성으로 정하여 부지중에 살인한 자가 그리로 피하게 하라"(민 35:11)고 지시하셨고, 여호수아는 그 지시를 따라 요단강을 중심으로 여섯 성읍을 도피성으로 정했습니다(수 20장).
살해 의도 없이 실수로 살인한 사람이 반나절이면 도착할 수 있는 곳을 도피성으로 정하였고, 그곳은 정당한 재판을 받기까지 머무는 곳이었습니다.
신명기 19장은 도피성 제도에 대해 자세히 설명하고 있습니다. 도피성에 도피할 경우라도 무조건 사면되는 게 아니라 정당한 절차와 조건이 갖춰져야 합니다. 도피성의 의미는 영적인 데서 찾아야 합니다.
다윗은 피난 생활의 경험을 통해 하나님이 피난처시라는 신앙을 정립했습니다. 다윗의 피난처는 하나님이셨습니다. 시편 11편 1절에서 다윗은 "내가 여호와께 피하였거늘 너희가 내 영혼에게 새같이 네 산으로 도망하라 함은 어찌함인가"라고 했고, 시편 91편 2절에서는 "그는 나의 피난처요 나의 요새요 내가 의뢰하는 하나님이라 하리니"라고 했습니다.

도피성은 살인자를 위한 임시 피난처였습니다. 그리고 도피성은 영원한 피난처이신 예수 그리스도를 상징합니다.

이스라엘 나라 어느 곳에도, 그리고 한국 어느 곳에도 도피성은 없습니다. 있어야 할 이유도 필요성도 없습니다. 다윗처럼 주께 피하면 되기 때문입니다.

어느 기도원도 도피성이나 피난처가 아닙니다. 지정학적 운운하는 것은 혹세무민하는 잘못입니다. 도피성을 논하는 것은 대부분 시한부 종말론이나 제한 구원을 주장하는 사람들입니다. 그리고 그들이 말하는 도피성은 성경의 도피성과는 전혀 무관합니다.

영원한 도피성은 예수 그리스도만 유일하십니다.

진리 분별

출석하는 교회 목사님이 이단은 만나지도 말라고 하십니다

Q 저희 교회 목사님은 이단과는 만나지도 말라고 하십니다. 이단도 사람인데 그래도 되는지요.

A 이단 여부를 분별하는 게 쉽지 않습니다. 정체를 드러내지 않기 때문입니다. 그리고 이단의 초동전략은 대상 설정과 만남입니다. 일상을 통한 대면과 접촉으로 시작해 성경공부를 내세워 회유하고 미혹합니다. 직접 대면접촉을 시도할 수도 있고, 다른 사람을 내세워 접근할 수도 있습니다.

이단도 사람입니다. 그러나 전혀 다른 사람입니다. 그들은 교회를 파괴하고, 가정과 개인 신앙을 파괴합니다. 이단은 집요한 침투력으로 수단과 방법을 가리지 않습니다. 대상이 정해지면 다양한 방법으로 접촉을 시도하고, 일단 이단의 그물망에 걸리면 빠져나오기 어렵게 됩니다. 그래서 만날 필요가 없습니다.

유익하고 유의미한 만남이 있고 일상적 만남이 있습니다. 그러나 이단과의 만남은 유해한 만남이어서 만날 이유나 가치가 없습니다. 그들을 왜 만나야 합니까? 그리스도인의 삶과 신앙의 성패는 만남으로 결정됩니다. 그들 말고 건전하고 건강한 만남을 만드십시오.

베드로후서 2장 1~3절은 거짓 선지자와 거짓 선생들의 해악을 경고하고 있습니다. "그들은 멸망하게 할 이단을 가만히 끌어들여 자기들을 사신 주를 부인하고 임박한 멸망을 스스로 취하는 자들이라…탐심으로써 지어낸 말을 가지고 너희로 이득을 삼으니"라고 했습니다. 이단에 빠지면 멸망한다, 가만히 끌어들인다, 거짓말로 탐심을 채운다는 것입니다.

디도서 3장 10절도 주목해야 합니다. "이단에 속한 사람을 한두 번 훈계한 후에 멀리하라"고 했습니다.

이단에 관한 전문지식을 가진 사람이라도 그들을 설득해 돌아서게 하는 것은 결코 쉽지 않습니다. 그들은 악한 영의 조종을 받고 있기 때문입니다. 그래서 멀리하라는 것입니다.

이단의 의도적 접근을 막는 길은 만나지 않는 것입니다. 그리고 바른 신앙으로 무장해야 합니다. 예수 중심, 성경 중심, 교회 중심의 세 기둥을 곧게 세우고 지키십시오.

진리 분별

예수님이 재림했다는 게 사실이 아니라면 재림의 시기는 언제인가요?

Q 예수님은 이미 재림했다는 글을 읽었는데 언제쯤 재림하시는지요?

A 자칭 하나님이라는 사람, 재림한 예수라는 사람, 성령이라는 사람 모두 이단들입니다. 예수님의 재림은 제한된 국지적 사건이 아닙니다. "인자가 구름을 타고 능력과 큰 영광으로 오는 것을 보리라"(마 24:30) 했고, "너희 가운데서 하늘로 올려지신 이 예수는 하늘로 가심을 본 그대로 오시리라 하였느니라"(행 1:11) 했습니다. 그리고 "볼지어다 구름을 타고 오시리라 각 사람의 눈이 그를 보겠고 그를 찌른 자들도 볼 것이요 땅에 있는 모든 족속이 그로 말미암아 애곡하리니 그러하리라 아멘"(계 1:7)이라고 했습니다.

아무도 모르게 오시는 비공개 사건이 아닙니다. 예수님 자신이 "가서 너희를 위하여 거처를 예비하면 내가 다시 와서 너희를 내게로 영접하여 나 있는 곳에 너희도 있게 하리라"(요 14:3)라고 하셨습니다. 예수님은 반드시 재림하십니다. 그러나 오실 날은 비밀입니다. 재림의 징조는 예언되어 있지만 날과 때는 공개되어 있지 않습니다.

도둑같이 오신다고 했습니다(살전 5:2; 벧후 3:10). 예고 없이 갑작스럽게 오신다는 것입니다. 왜 아직까지 더디 오시는가에 대해 베드로는 아무도 멸망하지 않고 모두 회개하기를 바라시는 하나님의 참으심 때문이라고 설명합니다(벧후 3:9). 그리고 주님께서는 하루가 천년 같고 천년이 하루와 같다는 사실을 잊지 말라고 합니다(벧후 3:8).

주님의 재림은 인간적 사건이 아니라는 것, 그리고 인간의 시간으로 하나님의 시간을 계산하지 말라는 뜻입니다. 예수님은 아직 재림하지 않으셨습니다. 그러나 반드시 다시 오십니다. 때와 시기는 하나님이 정하시고 실현하실 것입니다(마 24:36; 행 1:7).

중요한 것은 우리가 할 일입니다. "이러므로 너희도 준비하고 있으라 생각하지 않은 때에 인자가 오리라"(마 24:44). "그러므로 너희 마음의 허리를 동이고 근신하여 예수 그리스도께서 나타나실 때에 너희에게 가져다주실 은혜를 온전히 바랄지어다"(벧전 1:13).

읽은 글을 무시하십시오. 흔들리지 마십시오.

> 진리 분별

매일 하나님과 직접 대화하고 계시를 받는다는 사람이 있습니다

Q 매일 하나님과 직접 대화(직통전화)하고 계시를 받는다는 사람이 있습니다. 바른 신앙 태도인지요.

A 그런 부류의 사람들은 전 세계에 퍼져 있습니다. 목회자와 평신도, 신학자 중에도 있습니다. "하나님이 그렇게 말씀하셨다, 말씀하고 계신다, 직접 대화한다, 하나님의 뜻이다"라는 말을 상용합니다.

아브라함의 경우 "나의 벗 아브라함"(사 41:8)이었고, 모세는 "친구와 이야기함같이 여호와께서는 모세와 대면하여 말씀하시며"(출 33:11)라고 했습니다. 아브라함이나 모세의 경우 하나님께서 주도적으로 친구로 인정하셨습니다. 아브라함이나 모세가 '하나님이 내 친구다', '친구처럼 터놓고 산다'고 하지 않았습니다. 선택과 인준은 하나님의 주도와 전권으로 이루어졌습니다.

선지자의 경우도 참선지자는 하나님이 부르시고 말씀을 계시하시고 위임하시고 파송하십니다. 그러나 거짓 선지자는 자기 마음대로 예언하고(겔 13:2), 여호와가 보낸 자가 아니며(겔 13:6), 회칠한 담이며(겔 13:14), 바알을 의지하고 예언하며(렘 23:13), 그들이 말한 묵시는 자기 마음으로 말미암은 것이요 여호와의 입에서 나온 것이 아니니라

(렘 23:16)라고 했습니다. 그들은 하나님이 보내지 않은 사람들입니다 (렘 23:21).

참선지자는 하나님이 부르시고 세우신 사람, 하나님이 주신 말씀을 가감 없이 그대로 선포하는 사람, 그리고 하나님의 사람으로서 자기 관리에 최선을 다하는 사람입니다. 그러나 거짓 선지자는 하나님이 부르시지 않은 자칭 선지자, 악한 영의 사주를 받은 사람, 자기 암시를 하나님의 계시라고 포장하는 사람, 자기 관리가 허술한 사람입니다. 사이비 선지자 운동은 구약시대에도 있었고, 지금도, 그리고 앞으로도 있을 것입니다. 문제는 분별이 쉽지 않다는 것입니다.

예수님의 교훈을 살피겠습니다. "거짓 선지자들을 삼가라 양의 옷을 입고 너희에게 나아오나 속에는 노략질하는 이리라 그들의 열매로 그들을 알지니"(마 7:15~16). 하나님의 계시와 뜻은 성경 안에 다 들어 있습니다. 성경 밖에서 직통계시나 하나님의 뜻을 찾는 것, 그리고 하나님의 이름을 함부로 남용하는 것은 삼가는 게 옳습니다.

진리 분별

'병은 기도로 고쳐야 한다'며 안수기도를 받으라는 사람이 있습니다

Q 병원에 갈 필요 없다, 병은 기도로 고쳐야 한다며 안수기도를 받으라는 사람이 있습니다.

A 질병과 죽음의 시작은 첫 사람 아담의 타락 이후부터입니다. 뱀은 배로 다니고 흙을 먹는 저주를, 하와는 해산의 고통을, 아담은 땀 흘리는 노동을, 땅은 가시덤불과 엉겅퀴를 내는 저주를 받게 됩니다(창 3장).

치료가 질병을 앞질러야겠지만 현실은 그 반대이고, 질병과의 싸움은 지상 종말까지 거듭될 것입니다. 치료법은 질병 따라 다르고 개인차가 있기 때문에 획일화하는 것은 불가능합니다.

성경 안에는 기도로 병을 고친 사례들이 여러 곳에 수록되어 있습니다. 그러나 내가 안수기도하면 병이 다 낫는다는 것은 비성경적 발상이고, 그릇된 아집입니다. 기도로 병을 고칠 수 있습니다. 하지만 내가 고친다는 것은 신앙적 태도가 아닙니다.

복음서에 나타난 치유 기사들의 경우 하나에서 열까지 예수님이 고치셨고, 치유 방법은 상황 따라 각각 달랐습니다.

기도로 고친다는 것은 나는 기도하고 고치시는 분은 하나님이시라는 기본적 신앙에서 출발해야지, 내가 기도하고 내가 고친다는 것은 옳지 않습니다. 안수기도란 머리에 손 얹고 드리는 기도를 말하는데, 성령 충만을 구할 때(행 8:17), 선교사를 파송할 때(행 13:3), 병자를 고칠 때(막 8:23), 축복할 때(마 19:13~15), 위임할 때(신 34:9) 등 다양한 경우에 안수기도가 이루어졌습니다.

중요한 것은 하나님의 섭리와 능력의 주도였다는 점, 안수하는 사람과 안수받는 사람 사이의 신뢰가 성립될 때 가능했다는 점입니다. "그러므로 내가 너희에게 말하노니 무엇이든지 기도하고 구하는 것은 받은 줄로 믿으라 그리하면 너희에게 그대로 되리라"(막 11:24). 믿음이 치유와 응답의 조건이라는 것입니다.

병원 치료도 받고 약도 복용하십시오. 그러나 병원이나 의약은 전능자가 아니라는 걸 잊지 마십시오. 하나님만 전능하시고 영원한 치료자이십니다. "나는 너희를 치료하는 여호와임이라"라는 말씀을 기억하십시오. 내가 고친다는 허언에 흔들리지 마십시오.

> 진리 분별

직통계시를 받았다며 하나님 말씀을 전하는 사람이 있습니다

Q 하나님이 직접 주시는 말씀만 전하고 직통계시를 받는다는 사람이 있습니다.

A 우리는 성경을 하나님의 완전한 계시로 믿습니다. 구약시대에는 예언자들을 통해 하나님의 뜻을 계시하셨고, 신약시대에는 특수한 상황에서 사도들을 통해 계시하셨습니다. 그러나 성경은 제쳐두고 직통계시라며 자신의 체험이나 생각을 내세우는 것은 큰 잘못입니다.

결혼을 앞둔 여인이 있었습니다. 어느 날 환상 중에 찬양대석 뒷줄에 앉아 있는 남자와 결혼하라는 직통계시를 받았노라며 결혼해야 한다고 입을 열었습니다. 그런데 그 남자는 그녀와 결혼하라는 환상도, 직통계시도 받은 일이 없었습니다. 이 경우는 여인의 잘못된 망상이거나 환상으로 봐야 합니다.

조심할 게 있습니다.

첫째, 하나님의 이름을 남발하지 않아야 합니다.

"너는 네 하나님 여호와의 이름을 망령되게 부르지 말라"(출 20:7)라고 했습니다. 하나님의 이름은 하나님의 속성을 드러내기 때문에 함부로 헛되게 부르지 말라는 것입니다. 다시 말하면, 하나님의 이름을 이용하여 자신의 유익을 취하지 말라는 것입니다.

하나님의 도구가 되는 사람이 있고, 하나님의 이름을 도구로 오용하는 사람이 있습니다. "나 여호와는 내 이름을 망령되이 일컫는 자를 죄 없는 줄로 인정하지 아니하리라"(신 5:11)라는 경고를 주목해야 합니다.

둘째, 습관적 사용도 삼가야 합니다.

한숨 쉴 때, 힘들 때, 급할 때, 아플 때, 기쁠 때 가리지 않고 "주여!"를 부를 수 있습니다. 그러나 그것이 진정성 없는 습관이 되는 것은 삼가야 합니다. 믿고 부르면 구원받고 응답받습니다(막 1:24; 롬 10:13). 그러나 습관적 호칭은 의미도, 결과도 없습니다. "나더러 주여 주여 하는 자마다 다 천국에 들어갈 것이 아니요 다만 하늘에 계신 내 아버지의 뜻대로 행하는 자라야 들어가리라"(마 7:21).

직통계시는 속임수이거나 습관이거나 신학적 일탈로 보면 됩니다.

진리 분별

믿음으로 기도하면
모든 병을 다 고칠 수 있나요?

Q 믿음으로 기도하면 모든 병을 다 고칠 수 있는지요.

 예수님의 사역은 가르치시고 전파하시고 병과 약한 것을 고치시는 일이었습니다(마 4:23). 수많은 병을 고치셨지만 오직 병 고치는 일만 하신 것은 아닙니다. 세상에 오신 목적은 구원 사역이었기 때문에 병자들을 고치실 때마다 "네 믿음이 너를 구원하였다"라고 선포하셨습니다.

다시 말하면, 고침받는 것도, 구원받는 것도 전제조건은 믿음이었습니다.

태어날 때부터 맹인 된 사람이 있었습니다. 어느 날 예수님이 그를 고치셨습니다. 예수님과 맹인의 대화는 "네가 인자를 믿느냐?" "주여, 내가 믿나이다"로 이어집니다. 단순 치료가 아님을 발견하게 됩니다. 그리고 안식일에 맹인을 치료했다며 트집 잡는 바리새인들에게는 "너희가 맹인이 되었더라면 죄가 없으려니와 본다고 하니 너희 죄가 그대로 있느니라"라고 말씀하셨습니다(요 9:35~41).

여리고에서 다른 맹인을 고치셨을 때도 그렇습니다. "네게 무엇을 하여 주기를 원하느냐?" "주여, 보기를 원하나이다." "보라, 네 믿음이 너를 구원하였느니라." 그러자 곧 보게 되어 하나님께 영광을 돌리며 예수를 따르니 백성이 다 이를 보고 하나님을 찬양하였다고 했습니다(눅 18:41~43).

병 고침을 원하는 사람은 믿어야 하고, 고치시는 응답은 하나님의 전권입니다. 그리고 고침받고 구원받는 절대조건은 언제나 믿음입니다.

하나님의 전지전능은 모든 병을 다 고치실 수 있습니다만 생명을 살리는 구원이 우선순위입니다. 신유의 은사를 받았다든지 능력을 가졌노라며 만병통치자처럼 호언하는 것은 삼가 경계해야 합니다.

그리고 모든 질병은 죄 때문이라는 속단도 삼가야 합니다. "이 사람이 맹인으로 난 것이 누구의 죄로 인함이니이까 자기니이까 그의 부모니이까 예수께서 대답하시되 이 사람이나 그 부모의 죄로 인한 것이 아니라 그에게서 하나님이 하시는 일을 나타내고자 하심이라"(요 9:2~3).

하나님의 광대한 섭리를 인간의 제한적 안목으로 헤아리는 것은 잘못입니다. 인간의 기도가 병을 고치는 것이 아니라 하나님의 능력이 고치십니다.

> 진리 분별

청년 수련회 강사가 남북통일이 금방 될 거라며 준비하라고 합니다

Q 청년 수련회 강사로 오신 분이 남북통일이 금방 될 거라며 준비하라는 요지의 설교를 했습니다. 통일이 곧 될까요?

A 통일은 우리의 바람이고 소원입니다. 분단 70년이 지났지만 통일의 길은 어둡습니다. 그러나 통일을 이루시는 분이 하나님이시기 때문에 하나님의 시간표를 따라 통일의 날이 이르리라 믿습니다.

이스라엘의 역사를 살펴보겠습니다. 이스라엘은 사울, 다윗, 솔로몬에 이르는 통일왕국이었고, 기간은 120년이었습니다. 그러나 솔로몬의 실정과 타락, 그의 아들 르호보암의 오만과 불신앙이 겹치면서 분단을 맞게 됩니다. 여로보암이 이끄는 열 지파로 구성된 북왕국 이스라엘과 르호보암이 이끄는 두 지파로 구성된 남왕국 유다로 분열왕국 시대가 열립니다. 솔로몬 이후 2백 년 계속된 두 나라가 앗수르와 바벨론에 의해 패망하고 남왕국 유다 백성은 바벨론에 포로가 됩니다. 포로 된 유다 민족은 하나님의 구원과 귀환을 기도했고, 그 기도는 70년 만에 응답되어 예루살렘으로 돌아오게 됩니다.

이스라엘의 흥망성쇠 역사가 주는 교훈이 있습니다. 그것은 '역사의 주인은 하나님이시다. 하나님 떠나면 불행한 역사가 전개된다. 회복과 해방의 주체는 하나님이시다. 하나님의 일정과 인간의 일정은 동일하지 않다' 등입니다.

　앞에서 말씀드린 대로 통일은 우리의 소원이고 기도제목입니다만 인간적 접근과 노력만으로 통일은 되지 않는다는 것을 우리는 경험하고 있습니다. 남과 북이 바라는 통일 방법과 통일 이후의 국가체제가 다르다는 것도 통일의 장애 요인이고, 국론 분열, 이념 갈등도 통일의 거침돌이 되고 있습니다.

　남북분단 이후 지금까지 한국 교회는 통일을 위한 기도를 계속하고 있습니다. 하나님이 정하신 때, 하나님의 방법으로 통일의 날을 보게 되리라는 믿음으로 기도합시다. "열면 닫을 사람이 없고 닫으면 열 사람이 없는"(계 3:7) 예수 그리스도의 권능이 통일의 문을 여실 것입니다. 통일의 날은 예측은 가능하겠지만 단정 짓는 것은 바람직하지 않습니다.

[진리 분별]

한번 구원받으면 모든 죄 사해지고 이후 범죄는 죄가 되지 않나요?

Q 한번 구원받으면 모든 죄를 다 사함받았기 때문에 그 이후의 범죄는 죄가 되지 않는다는 사람을 만났습니다.

A 아닙니다. 큰일 날 소리입니다. 구원받았노라며 성경이 금한 계명들을 상습적으로 범한다면 구원을 벗어난 행위임은 물론 윤리적으로도 용납할 수 없는 죄가 됩니다. 그런 교리를 내세우고 집단을 이루었던 사람들은 이미 이단 판정을 받았고, 사회적 물의를 일으키기도 했습니다.

그리스도인의 구원을 3시제로 구분합니다. 그것은 과거 구원, 현재 구원, 미래 구원입니다. 믿음으로 이미 구원받았고, 진행되고 있으며, 장차 구원이 완성된다는 것입니다. 구원은 인간의 의지나 결단으로 받는 것이 아닙니다. 구원은 믿음으로 받는 하나님의 은혜이며 선물입니다(엡 2:8). 바울은 두렵고 떨림으로 그 구원을 이루라고 했습니다(빌 2:12).

가룟 유다는 예수님의 제자로 부름받은 사람이었습니다. 그러나 그는 제자의 도를 지키지 못한 채 차라리 태어나지 않았더라면 좋았을 배신자의 길을 택했습니다(마 26:24). 최초의 사람 아담도 범죄 후

에덴동산에서 추방당했습니다.

"우리가 진리를 아는 지식을 받은 후 짐짓 죄를 범한즉 다시 속죄하는 제사가 없고"(히 10:26)라고 했습니다. 짐짓 범죄란 죄인 줄 알면서 고의로 범하는 죄를 말합니다. 구원받았기 때문에 어떤 죄를 범하든 죄가 성립되지 않는다는 것은 범죄를 조장하고 범죄에 대한 책임을 회피하게 만드는 비성경적 발상입니다.

기독교인들의 바른 신앙 자세도 중요합니다.

첫째, 예수 그리스도를 구주로 확신하고 고백해야 합니다(롬 10:10).

둘째, 날마다 자신을 쳐 복종시키고 죄를 멀리해야 합니다(고전 9:27).

셋째, 성령님의 내주와 이끄심을 따라 살아야 합니다(요 14:16; 롬 8:14).

인간은 약한 존재여서 악한 영에 휘둘리고 죄를 범하게 됩니다. 그러나 성령님과 함께하고 인도하심을 따라 살면 죄의 유혹과 사탄의 집요한 도전을 능히 이길 수 있습니다.

Third 키워드

교
회
생
활

⋮

예배

성가대·찬양대 중 맞는 용어는?

Q '성가대'와 '찬양대'라는 용어가 혼용되고 있습니다. 어느 것이 맞는 것인가요?

A '성가'란 거룩한 노래라는 뜻으로 타 종교도 성가라는 용어를 사용하고 있습니다. '찬양'이란 하나님을 높이고 그 이름을 노래하는 것입니다. 성경 안에 성가라는 용어는 없습니다. 찬양과 찬송이라는 용어를 사용하고 있습니다. 교회 용어 사전에 따르면, 1960년대 이전에는 찬양대라는 이름을 사용했고, 그 이후 흑인영가와 가스펠을 부르기 시작하면서 성가라는 용어의 사용이 시작되었다고 합니다.

1882년에 최초로 만든 찬미가를 시작으로 찬양가와 찬양대가 지금까지 공식 명칭이었습니다. 1913년 장대현교회가 조직한 것도 찬양대였습니다. 예장통합 교단은 이런 역사적 고증과 성경적 원리를 따라 성가대를 찬양대로 바꿔 부르고 있습니다.

찬양대란 거룩하신 하나님을 찬양하는 사람들입니다. 그래서 일찍이 다윗은 레위 사람들 가운데 찬양대를 조직하고 하나님만을 찬양하도록 했습니다. 악기로 하나님을 찬양하는 대원 수는 4천 명이었고(대상 23:5), 수금과 비파와 제금으로 신령한 노래를 하게 했습니다(대상 25:1). 그리고 그들은 세마포를 입고 제단 동쪽에 서서 제금과 비파와 수금을 잡고 나팔 부는 제사장 120명과 함께 큰 소리로 찬양했습니다(대하 5:12~13). 장엄한 찬양대였습니다.

그러나 이름보다 더 중요한 것은 찬양의 자세입니다.

찬양하는 사람들의 자세는 경건해야 합니다. 세상 노래가 아니기 때문입니다. 몸과 마음의 자세, 그리고 신앙생활도 바르게 해야 합니다. 선곡도 차별화되어야 합니다. 찬양대가 부르는 노래가 세상 노래와 뒤섞이면 안 됩니다. 대중과의 소통을 내세워 찬양과 다른 노래들을 혼합하는 것은 옳지 않습니다.

신령한 노래를 부르는 사람들은 자신을 성찰하고 돌보는 일을 힘써야 합니다. "샘이 한 구멍으로 어찌 단물과 쓴물을 내겠느냐"(약 3:11).

예배

기도할 때 "하나님 짱이야"라는 표현 괜찮나요?

Q 몇 가지 궁금한 점을 여쭙습니다. 첫째, 기도할 때 "하나님 정말로 짱입니다"라고 하는 것, 둘째, 잔잔한 소리로 찬송을 먼저 부르고 기도하는 것, 셋째, 성경구절을 암송하고 기도하는 것 등입니다.

A '짱'이란 주로 젊은이들이 최고나 우두머리를 표현할 때 쓴 속어입니다. 대표기도 시간에 하나님을 짱이라고 표현하는 것은 바르지 않습니다. 하나님의 이름을 부를 때는 경어를 써야 합니다.

그리고 개인기도와 대표기도는 차별화해야 합니다. 개인기도는 길수록 좋습니다. 찬송 부르고, 말씀 묵상하고, 기도의 폭을 넓혀 세계와 국가, 가정과 교회를 위해 기도할 수 있습니다. 기도 형식이나 장소도 상관이 없습니다. 그러나 대표기도는 그날, 그곳에서 드리는 예배와 회중을 대표해 드리는 기도이기 때문에 기도의 길이와 내용, 자세와 언어가 절제되고 선별적이라야 합니다. 대표 기도자가 찬송 한 절 부르고, 성경 구절 낭독하고, 긴 시간 기도를 하는 것은 예배 순서 배열과 시간에 맞지 않습니다. 찬송은 함께 부르는 찬송 시간에, 성경 묵상은 개인 큐티나 설교 시간에 하는 것이 좋습니다.

그리고 기도 내용은 사적인 것은 배제하고 예배를 받으시는 하나님의 영광을 높이고 예배자들과 예배 인도자들을 위해, 그리고 교회가 정한 특별 기도제목을 위해 기도하면 됩니다.

기도를 잘하려는 유혹을 버려야 합니다. 잘하기보다는 바른 기도라야 합니다. 대표기도는 일반적으로 3분 이내가 좋습니다. 그리고 설교자가 기도로 준비하듯 대표기도도 기도로 준비해야 합니다. 기도문을 작성하면 이탈을 방지할 수 있습니다. 그러나 국어책 읽듯 하지 않으려면 읽고 숙지하는 노력이 필요합니다.

기도는 하나님께 드리고 응답을 기다리는 것입니다. 사람의 관심을 끌기 위한 그 어떤 시도나 행위도 용납될 수 없습니다.

예배

설교자의 의상이 궁금합니다

Q 제가 아는 목사님은 설교 시에 입는 의상을 자주 바꿉니다. 로만 칼라, 나비 타이, 넥타이, 라운드 반팔 티셔츠, 한복 등으로 갈아입습니다. 가운 착용은 하지 않습니다.

A 설교자의 의상과 설교는 상관이 없습니다. 설교자는 하나님의 말씀을 대언하는 스피커일 뿐입니다. 메시지가 좋아야지, 확성기 색깔과 모양을 이것저것 바꾼다고 설교가 달라지는 게 아닙니다.

설교자가 유행에 편승하거나 멋 부릴 이유는 없습니다. 그리고 지나친 기교를 동원한다든지 포장하는 것도 바람직하지 않습니다. 반대로 설교자의 행색이나 꾸밈이 혐오감을 준다든지 거부감을 주는 것도 옳지 않습니다.

패션의 유행은 바뀌기 마련입니다. 설교자는 유행을 선도하듯 다양한 차림에 관심을 두기보다는 진정성 있는 설교, 소통이 성립되는 설교, 하나님의 말씀 선포에 충직한 설교를 준비하고 전하는 데 집중해야 합니다.

설교할 때뿐 아니라 목회자의 일상적 차림도 구별되어야 합니다.

첫째, 단정해야 합니다. 주일 예배를 인도하는 목사가 반바지에 반팔 라운드 티를 입고 슬리퍼를 신고 등단한다면 누가 그에게 박수를 보내겠습니까? 언행도 차림도 단정해야 합니다.

둘째, 때와 장소에 맞아야 합니다. 장례식 집례하는 사람이 하얀 양복에 빨간 타이를 맨다면 때와 장소에 맞지 않습니다. 예배의 중심은 예배자들이 아닙니다. 그들의 기호나 취미에 맞추려는 시도는 바른 자세가 아닙니다.

물론 의상만 갖춘다고 바른 예배나 설교가 되는 건 아닙니다. 그렇다고 때와 장소 분별없이 의상이나 태도를 바꾸는 것은 삼가야 합니다. 평범한 멋, 사치스럽지 않은 품위를 지킬 수 있다면 얼마나 좋을까요? 티 나지 않는 영성, 보이지 않는 중후한 멋을 지닐 수만 있다면 더 바랄 게 없을 것입니다.

무엇 때문에, 누구를 위하여 수시로 의상을 갈아입어야 하는지 궁금합니다. 지나치게 튄다, 사치스럽다, 요란스럽다, 안 어울린다, 변덕스럽다는 평은 듣지 않는 게 좋습니다. 평범한 게 좋은 것입니다.

예배

예배 시간에 커피 들고 와도 괜찮나요?

Q 예배 시간에 커피를 들고 오는 사람이 있습니다.

 커피의 역사는 15세기로 거슬러 올라갑니다. 에티오피아에서 시작되었다고 합니다. 지금은 전 세계 인구 3분의 1이 커피를 마신다고 합니다. 카페인과 알칼로이드 성분을 함유하고 있어 순환계, 신경계, 대뇌, 심장 활동을 원활하게 하고 이뇨 작용도 한다고 합니다.

그런가 하면 과음할 경우 중독 현상을 일으키고 불면증을 유발할 수도 있다는 유해론도 있습니다.

예배 시간에 커피를 들고 오는 사람은 중독성 때문이거나 수시로 음료를 마셔야 하는 건강상의 이유 때문일 수 있습니다. 알코올이나 니코틴 중독이 해로운 것처럼 커피 중독도 그렇습니다. 커피를 마시지 않으면 손발이 떨리거나 어지럼증이 일어나든지 전신에 힘이 빠진다고 합니다. 그것은 중독 현상입니다.

젊은이들은 멋과 맛을 즐기는 음료라고 예찬합니다. 한 손엔 휴대폰, 한 손엔 커피를 들고 거리를 걷는 것을 멋으로 즐깁니다. 유명 브랜드 커피점은 사람들로 붐비고, 직접 커피를 만들어 마시는 바리스타가 많아지고 있습니다.

밥 대신 커피만 마신다는 사람도 있습니다만 예배 시간에 커피를 들고 들어오는 것은 바람직하지 않습니다. 건강상의 이유라면 미리 조정해야 하고, 멋 때문이라면 다른 장소에서 멋을 내는 게 바른 자세입니다.

하루하루가 하나님과 교제하고 예배하는 삶이어야 하지만 예배는 준비 단계부터 예배가 되어야 합니다. 성경 찬송, 헌금, 몸과 의상 차림, 교통 수단 점검 등 미리 준비해야 합니다. 온라인 예배를 드리는 사람의 경우도 준비된 바른 자세로 예배해야 합니다. 영상만 들여다보는 졸속 예배는 피해야 합니다.

모든 중독은 해롭습니다. 커피도 예외가 아닙니다. 예배 시간이라면 휴대폰 전원은 끄고 커피는 밖에서 마시고 경건한 자세, 바른 자세로 예배드려야 합니다. 그리고 그 예배는 하루하루 삶으로 이어져야 합니다. 예배는 전시가 아니며 일회적 사건도 아니기 때문입니다.

> 예배

출석 교회에서 주일 1·2부 예배만 드리고 다양한 교육 과정을 진행하는데…

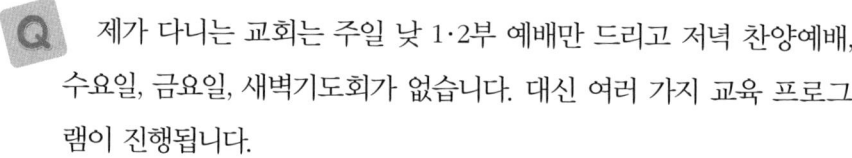

Q 제가 다니는 교회는 주일 낮 1·2부 예배만 드리고 저녁 찬양예배, 수요일, 금요일, 새벽기도회가 없습니다. 대신 여러 가지 교육 프로그램이 진행됩니다.

A 교회의 사역을 예배, 선교, 교육, 봉사, 친교로 나눕니다. 그중 예배가 최우선입니다. 이유는 예배는 하나님께 드리는 것이고, 다른 것들은 대상이 사람이기 때문입니다.

코로나19로 비대면 예배가 일상화하면서 예배 지형이 변했습니다. 대면 예배로 교회 문이 열렸지만 출석 인원은 회복이 더딥니다. 비대면 예배는 어쩔 수 없는 선택이었습니다. 그러나 예배가 자유로워진 상황에서 비대면을 선호하고 예배를 멀리하는 것은 결코 바람직하지 않습니다.

목회 중심을 어디에 두느냐에 따라 프로그램이 결정됩니다. 그러나 어떤 경우에도 예배가 프로그램에 밀려나면 안 됩니다. 신앙과 삶, 영성과 지성을 아우르는 균형 목회라야 하지만 예배는 성별되어야 합니다. 예배는 하나님을 위한 인간의 행위이고, 목회는 사람을 대상으로 삼는 인간의 행위이기 때문입니다.

교회가 시행하는 목회 프로그램 중에는 자체개발한 것도 있고 직수입한 프로그램들도 있습니다. 그러나 내 교회에 맞는 프로그램으로 정착하려면 임상 실험과 검증을 거쳐야 하고 토착화 과정을 거쳐야 합니다. 무분별한 수입이나 적용은 삼가는 게 좋습니다.

다양한 프로그램이 필요하지만 그러나 예배가 무너지면 신앙이 무너지게 됩니다.

"모이기를 폐하는 어떤 사람들의 습관과 같이 하지 말고 오직 권하여 그날이 가까움을 볼수록 더욱 그리하자"(히 10:25).

초대교회의 예배 열정을 되찾아야 합니다. 비대면을 선호하고 온라인 교회를 예찬하는 사람들 때문에 예배가 밀려나는 일은 막아야 합니다.

예배

예배를 '본다'와 '드린다', '성가대'와 '찬양대' 중 바른 표현은?

Q 예배 본다와 드린다, 성가대와 찬양대 어느 것이 바른 표현인지요.

A 구약의 경우 예배는 제사 중심의 예배였습니다. 인간사에 얽힌 문제를 푸는 제사도 하나님께 드리는 제사라야 했습니다. 그리고 레위 찬양대는 오로지 하나님만을 찬양하기 위해 존재했습니다.

예배는 피조물인 인간이 창조주이신 하나님을 경배하고 찬양하는 거룩한 행위입니다. 그 어떤 조직이나 사람도 경배와 찬양의 대상이 될 수 없습니다. 구약의 경우, 하나님께 드리는 모든 제사는 임의대로 드릴 수 없었고, 하나님이 제정하신 절차와 방법대로 드렸습니다.

예배의 대상은 하나님이십니다. 예배 대상자를 배려하기 위해 진행되는 그 어떤 프로그램도 하나님 예배와는 무관합니다. 요즘 교회들의 예배 약점이 바로 거기에 있습니다. 누구에게 드리는 예배인지, 누구를 위한 예배인지 기본 설정이 모호합니다. 예컨대 열린 예배, 젊은이를 위한 예배라는 표현들이 그렇습니다. 예배의 대상은 하나님 한 분이십니다. 대상 설정이 잘못되면 예배의 성격과 방향이 잘못됩니다. 화려하고 웅장한 프로그램으로 구성된 예배보다는 영과 진리로 하나님께 드리는 예배라야 합니다.

바른 예배는 보는 것이 아니라 드리는 예배라야 하고, 성가대와 찬양대도 구분되어야 합니다. 성가는 거룩한 노래들이고, 찬양은 그 거룩한 노래를 부르는 것입니다. 기독교는 성가들을 모아 찬송가를 만들었습니다. 찬송가에 수록된 성가들은 다양합니다. 하나님을 찬양하는 노래, 하나님의 뜻을 선포하는 노래, 신앙을 고백하는 노래, 회개와 결단의 노래, 절기에 관한 노래 등으로 구성되어 있습니다. 통합 교단은 성가대를 찬양대로 바꿔 부른 지 오랩니다.

세속 음악은 사람의 감정을 자극하고 감동을 주는가 하면, 장르도 다양합니다. 그러나 하나님을 찬양하는 노래들은 대상이 하나님이시기 때문에 가사와 곡이 차별화되어야 합니다. 신령한 노래이고 영혼을 감동시키는 노래이기 때문입니다. 그런 면에서 무분별한 복음성가의 경우 검증과 정제의 과정이 필요합니다.

> **예배**

장로 임직 3년 차인데 주일 예배 대표기도가 부담으로 느껴집니다

Q 장로로 임직한 지 3년 차입니다. 주일 예배 시 대표기도가 엄청 부담스럽고 평소 언행이 조심스럽습니다.

A 대표기도를 맡은 이들은 누구나 그럴 것입니다. 제 경우 설교를 할 때마다 두렵고 떨리고 침이 마르는 긴장으로 강단에 서곤 합니다.

대표 기도자 모두 긴장과 부담이 클 것입니다. 하지만 왜 부담스러운가를 살펴보아야 합니다. 기도를 잘해야 한다는 선입견 때문입니다. 교인들이 듣기 좋은 기도를 하기 위해 각색하고 꾸미려 하기 때문입니다.

대표기도는 개인기도가 아닙니다. 예배자들을 대표해 드리는 기도이고, 듣고 받으시는 분은 하나님이십니다. 그래서 잘하는 기도보다는 바른 기도를 드려야 합니다. 설교는 사람이 대상이지만 기도는 하나님이 대상이시기 때문에 멋진 단어나 감동적 문장을 동원할 이유가 없습니다.

바른 대표기도를 위한 몇 가지 원리를 정리해 보겠습니다.

① 기도로 준비해야 합니다. 설교자가 기도로 준비하는 것처럼 기도로 준비해야 합니다.

② 대표성을 지켜야 합니다. 대표기도 시간에 개인사를 늘어놓는다든지 중언부언하는 것을 피해야 합니다. 그리고 불필요한 개인 감정의 이입도 금해야 합니다.

③ 성경 구절을 나열한다든지 명문장을 인용하지 않아야 합니다. 성경을 해석하고 구절을 인용하는 것은 설교자 몫이니까요.

④ 용어 선택을 신중히 해야 합니다. 예컨대 하나님을 '당신'이라고 부른다든지 자신을 '내가'라고 표현하는 것은 바람직하지 않습니다.

⑤ 시간을 조절해야 합니다. 개인기도는 길수록 좋습니다. 그러나 대표기도는 길수록 진부합니다. 법정 시간이 있는 건 아니지만 일반적으로 3분 이내를 적정 시간으로 꼽고 있습니다.

⑥ 감사와 감격으로 기도해야 합니다. 하나님을 찬양하고 섬길 수 있다는 것, 그리고 회중을 대표해 기도할 수 있다는 것을 부담스러워하지 마십시오. 감사하십시오.

대표기도는 시무장로만 해야 한다는 법은 없습니다. 베드로는 장로들에게 "양무리를 치되 억지로 하지 말고, 하나님의 뜻을 따라 자원함으로 하고, 기꺼이 하며, 주장하는 자세를 하지 말고, 양무리의 본이 되라"라고 했습니다(벧전 5:2~3).

앞서가고 본이 되는 일은 대표기도보다 더 버겁습니다. 하나님께 인정받고 교인들에게 존경받는 장로님이 되십시오.

예배

반려동물이 주인과 함께 교회에 나와 예배드릴 수 있나요?

 반려동물이 주인과 함께 교회에 나와 예배드릴 수 있는지요.

 "하나님은 영이시니 예배하는 자가 영과 진리로 예배할지니라"(요 14:24).

예배자는 영혼을 가진 존재라야 하고, 진리를 알고 믿는 사람이라야 합니다. 반려동물은 영혼이 없고 진리를 이해하지 못합니다. 그래서 예배자가 될 수 없습니다.

반려동물 숫자가 1천만을 넘어서고 있답니다. 개, 고양이, 친칠라, 족제비, 햄스터, 여우, 앵무새, 고슴도치, 토끼, 물고기, 뱀 등 종류도 다양합니다. 반려견의 경우 유치원, 카페, 병원, 결혼식, 장례식 등 대행사가 성업 중입니다.

반려동물도 피조물이어서 알맞은 환경, 적절한 운동과 먹이, 그리고 보호받을 권리가 있습니다. 학대하거나 유기하는 것은 잘못입니다. 국내 20여 대학에 애완동물학과, 애완동물 보건사 등 과정을 신설하고 있습니다. 애완견의 경우 미용실과 카페가 1만여 곳을 넘는다고 합니다. 그리고 보험사나 상조사도 증설되고 있습니다. 애완동물을 선택하고 키우는 사람은 끝까지 책임을 져야 하고, 학대하거나 유기하는 것은 잘못입니다.

애완견의 경우 주인과 함께 교회에 올 수는 있습니다. 그러나 함께 예배드리는 것은 불가능합니다. 위에서 언급한 대로 영과 진리를 가진 존재가 아니기 때문입니다. 예배를 두 눈으로 바라볼 순 있겠지만, 드리는 행위는 불가능합니다. 구약의 경우 소나 양은 제물이었지 제주는 아니었습니다.

예배는 받으시는 하나님과 드리는 사람 사이의 인격적 관계와 영적 관계를 통해 성립됩니다. 그런데 애완견은 그게 불가능합니다. 함께 오는 것 자체를 부정할 필요는 없습니다. 반려동물 카페를 열고 동물 돌봄시설을 열어 배려하는 것은 바람직합니다.

애완견도 함께 예배드린다는 것은 예배원론으로 볼 때 성사 불가능합니다. 영혼 없는 애완동물이 어떻게 영이신 하나님을 예배할 수 있겠습니까? 호주에선 애완견에게 세례를 준 목사가 있었습니다. 세례는 영혼이 구원받은 징표이기 때문에 잘못입니다. 예배드리는 시간, 예배자의 관심은 하나님께 있어야 합니다. 애완견에게 관심을 빼앗기는 것은 바람직하지 않습니다.

예배

파리올림픽 때 장로님이 올림픽을 위해 대표로 기도하는데…

Q 파리 올림픽이 열리고 있을 때 대표기도하는 장로님이 올림픽을 위해 기도했습니다.

A 올림픽과 기독교는 전혀 무관합니다. 올림픽 자체를 위해 기도할 이유는 없습니다.

올림픽은 BC 766년 고대 그리스의 올림피아에서 제우스 신을 위한 축제로 시작되었고, 고린도에서 개최된 이스무스 경기는 바다의 신인 포세이돈을 위한 축제로 2년마다 올림피아 경기와 겹치지 않게 개최했습니다. 고린도 신전에는 1천 명의 여승들이 있었고, 그들은 윤리적 타락을 조장하였습니다. 바울 사도는 고린도 교회에 보낸 편지에서 우상숭배를 금할 것과 우상의 제물에 관한 지침을 전하기도 했습니다.

올림픽 경기는 출발부터가 신들을 위한 축제였기 때문에 기독교가 올림픽 경기에 앞장서거나 편승할 이유는 없습니다. 그러나 현대 올림픽은 전 세계인의 축제로 개최되고 있기 때문에 거부하거나 불참할 필요는 없다고 봅니다.

파리 올림픽 참가국은 206개국이었고, 한국 선수단은 143명이었습니다. 선교의 기회가 되도록 참가 선수들의 안전을 위해, 그리고 한국 선수들의 건강과 선전을 위해 기도하는 것은 바람직합니다. 기도를 들으시고 응답하시는 분은 하나님이시고, 내가 구한 대로 다 이루어지는 것은 아닙니다.

성경 안에는 기도에 관한 교훈이 많습니다. 하나님 아버지의 뜻을 헤아려 기도할 것(마 26:39), 정욕을 위해 구하지 말 것(약 4:3), 믿고 기도할 것(막 11:24), 쉬지 말고 기도할 것(살전 5:17), 기도의 폭을 넓힐 것(요 17:20~21), 감사함으로 기도할 것(골 4:2), 예수님의 이름으로 기도할 것(요 14:13) 등입니다.

하나님은 내가 무엇을 구하든지 다 아시지만 그러나 구한 대로 응답하시진 않습니다. 바른 기도라야 응답의 감격을 누릴 수 있고, 더 깊은 기도의 신비를 체험하게 될 것입니다.

예배

부흥회에서 강사 설교 끝난 뒤 담임 목사가 반복 설교를 합니다

Q 서울 시내 모 교회 부흥회를 인도했습니다. 그런데 강사의 설교가 끝나면 담임 목사님이 15분 이상 반복 설교를 하곤 했습니다.

A 부흥회란 교인들의 신앙을 다시 일으키기 위한 집회를 말합니다. 외부 강사를 초청할 수도 있고, 담임 목회자가 인도할 수도 있습니다.

한국 교회의 경우 사경회, 심령 대부흥회, 부흥 사경회, 1일 부흥회, 3인 3색 부흥회로 변천을 거듭하다가 모이기 힘들다는 이유로 최근에는 주일 저녁 예배가 오후 예배로 바뀌는가 하면, 수요예배나 부흥회 등이 사라지고 있습니다.

"모이기를 폐하는 어떤 사람들의 습관과 같이 하지 말고 오직 권하여 그날이 가까움을 볼수록 더욱 그리하자"(히 10:25). 모이기를 힘써야 할 교회가 모이기를 폐하는 현상은 결코 긍정적인 사건이 아닙니다.

강사의 설교 후에 담임 교역자가 장광설을 펴는 것은 옳지 않습니다. 강사에 대한 예의도 아니고, 자신을 드러내려는 오만일 수 있기 때문입니다.

담임 목사가 그토록 할 말이 많다면 자신이 강사로 나서면 됩니다. 왜 강사를 초빙합니까? 담임 목사와 강사는 서로를 존중하고 높이는 예의를 지켜야 합니다.

모든 목회자는 담임한 교회를 부흥시키는 부흥사가 되어야 합니다. 담임한 교회를 부흥시키지 못하는 부흥사라면 설득력이 약할 수밖에 없습니다.

김진환 목사님이 쓴 책에 "바람직하지 않은 부흥회, 부흥사"라는 글이 있습니다.

① 개인 간증 위주 설교 ② 일방적으로 웃기는 것 ③ 헌금 중심 ④ 담임 목사 비하 ⑤ 반말 ⑥ 욕 ⑦ 자기 교회 목회 방치 ⑧ 요구사항이 많은 것(양측 다) ⑨ 사례비 문제 ⑩ 자기 자랑 등입니다.

부흥회에 대한 바른 지적들입니다.

한국 교회 부흥을 견인한 부흥사들의 노고는 인정해야 합니다. 그러나 부흥사들에게만 교회 부흥을 위탁하기보다는 모든 목회자가 한국 교회의 부흥과 도약을 이끄는 것이 더 바람직합니다.

예배

임직식 축도가 대표기도만큼 길던데…

Q 친구 목사 교회에서 임직식이 있었습니다. 그런데 순서지가 임직예배로 되어 있고, 축도는 대표기도만큼 길었습니다.

A 임직예식이라야 하고, 축도는 원형에서 벗어나면 안 됩니다. 예배의 대상은 하나님이시고, 예식의 주체는 사람입니다. 구약의 경우 제사는 제정된 절차와 방법대로 하나님께 드렸고, 날짜와 제물도 제사드리는 사람이 선택할 수 없었습니다. 교회가 진행하는 행사의 경우 임직, 결혼, 장례, 취임, 은퇴, 개업, 회갑 등 다양합니다. 바른 표기는 '예식'이라야 합니다. 사람이나 행사가 예배의 주체가 될 수 없기 때문입니다.

모든 행사에서 드리는 예배의 경우 주일예배 순서를 그대로 적용할 필요는 없습니다. 행사에 알맞은 예배 순서를 마련해 드리는 것이 바람직합니다.

축도는 예배가 끝날 때 목사의 강복 선언을 말합니다. 예배학에서는 아론의 축도(민 6:22~26)와 성삼위 하나님의 이름으로 강복한 바울의 축도를 원형으로 삼고 있습니다(고후 13:13). 교회는 전통적으로 바울의 축도를 모범으로 삼았고, 교단에 따라 '있을지어다'를 '축원합니다' 혹은 '축원하옵니다'로 수정한 경우도 있습니다.

　기도는 누구나 할 수 있지만 축도는 누구나 할 수 없고, 기도는 구해야 할 모든 것을 하나님께 간구하는 것이고, 축도는 성부, 성자, 성령 하나님의 이름으로 강복을 선언하는 일이어서 기도와는 차별화되어야 합니다. 바울의 축도 원형을 그대로 답습할 필요는 없더라도 축도를 일반 기도처럼 장황하게 나열하는 것은 옳지 않습니다.

　축도 문제를 정리해 보겠습니다. 첫째, 기도와 축도는 엄연히 다르기 때문에 혼동하지 않아야 합니다. 둘째, 대표기도나 개인기도는 길게 할 수 있지만 축도는 길어야 할 이유가 없습니다. 셋째, 축도는 예배가 끝날 때 목사가 할 수 있고, 때와 장소는 선별해야 합니다. 넷째, 상습적 강복이 되지 않도록 깊은 뜻을 살려야 합니다.

> 봉사

교회 사역이 많아 부담스럽습니다

Q 교회에서 교사로 섬기고 있는데 너무 많은 사역을 강요당하고 있는 것 같아 부담스럽습니다.

A 교회를 섬기는 사역은 주님을 섬기는 마음과 자세라야 합니다. 그 어떤 섬김도 강요당하거나 억지로 하는 것은 바람직하지 않습니다.

바울의 헌금 교훈을 예로 들겠습니다. "그 마음에 정한 대로 할 것이요 인색함으로나 억지로 하지 말지니 하나님은 즐겨 내는 자를 사랑하시느니라"(고후 9:7)라고 했습니다. '인색함으로나 억지로'의 뜻은 '슬픔으로'입니다. 헌금이나 봉사를 슬픈 마음으로 하면 되겠습니까?

헌금뿐이겠습니까? 섬김, 나눔, 모두 억지로 할 수도, 해서도 안 됩니다. 운동도 억지로 하는 것은 강제노동이 된답니다.

대형 교회든 소형 교회든 일하는 사람은 제한적입니다. 그리고 일꾼이 일하도록 되어 있고, 구경꾼은 언제나 구경꾼입니다. 개척 교회나 규모가 작은 교회일수록 1인 사역을 해야 합니다. 그러다 보면 피로도가 높아지고 강박 감정에 사로잡히게 됩니다.

몇 가지를 제안합니다.

첫째, 일할 수 있음을 감사하십시오. 일할 수 있는 재능, 건강, 능력, 가능성은 하나님의 선물입니다. 누구나 그런 은사를 누리는 것이 아닙니다. 신앙의 선배들은 1인 7역에도 말없이 사명을 수행했습니다.

둘째, 분량만큼만 하십시오. 하나님의 일은 힘들다고 피해도 안 되고 능력 있다고 다 나서는 것도 옳지 않습니다.

셋째, 최선을 다하십시오. "맡은 자들에게 구할 것은 충성이니라"(고전 4:2)라고 했습니다. 충성과 믿음은 동의어로 사용되고 있습니다. 충성은 믿음의 동기에서 시작되어야 하고, 충성은 최선을 다할 때 성립됩니다. 능력 있노라며 꾀부리는 사람보다 맡은 일에 최선을 다하는 사람이 그리스도의 일꾼입니다.

넷째, 주님을 높이십시오. 돈 벌고 회사 운영하는 것은 내 일입니다. 그러나 교회 섬기는 것은 주님의 일입니다. 웨스트민스터 요리문답 제1문은 "사람의 제일 되는 목적이 무엇입니까?"이고, 답은 "하나님을 영화롭게 하고 그를 즐거워하는 것"입니다. 내가 존재하고 사는 목적은 하나님을 높이고 섬기는 것이어야 합니다.

> 봉사

항존직 임직식을 앞두고 행사를 위한 일정액 부담을 요구하는데…

Q 항존직 임직식을 앞두고 있습니다. 그런데 기념품과 행사를 위해 일정액을 부담하라고 합니다.

A 교단마다 임직 절차는 대동소이합니다. 교인들의 투표를 거쳐 일정 기간 훈련이 끝나면 임직예식을 거행하게 됩니다. 그때 임직자들이 헌금을 모아 교회에 기념 될 만한 일을 하기도 하고 교회 살림을 돕기도 합니다. 그러나 그것은 자발적 행위여야지, 강요된 부담금이어선 안 됩니다.

교인들의 투표를 통해 선임되는 항존직은 장로, 집사, 권사입니다. 항존직이란 정년이 되는 해까지 교회를 섬기는 직분입니다. 세상 그 어떤 직분에 비길 수 없는 영광스러운 직임이어서 겸손과 감사로 받들어야 합니다. 예수님의 열두 제자는 3년 동안 동고동락했고, 초대 교회 일곱 집사는 성령과 지혜가 충만하고 칭찬받는 사람들이었습니다(행 6:3). 아무나 아무렇게나 뽑지 않았습니다. 안디옥 교회는 금식하며 기도한 후 바나바와 사울에게 안수하고 선교사로 파송했습니다(행 13:3). 금식과 기도가 전제된 점을 주목해야 합니다.

항존직 임직자의 자세는 "감사합니다. 부족합니다. 최선을 다하겠습니다. 완주하겠습니다"라는 자기 낮춤과 겸허한 결단이라야 합니다. 왜 돈을 내야 하느냐는 반문으로 출발하는 항존직 임직이라면 바른 섬김이 힘들게 됩니다.

부담금은 헌금 정신이 아닙니다. 헌금은 부담금도 아니고 기부금도 아닙니다. 사랑과 감사, 정성과 뜻을 묶어 하나님께 드리는 예물입니다. 그리고 돈보다 중요한 것은 임직에 임하는 신앙과 자세입니다. 천문학적인 부담금을 내놓은 사람이라도 직분 주심에 대한 감격이 없다면 그는 거액 기부자일 뿐입니다.

헌금이 부담스럽다면 개인 형편에 맞추십시오. 부담금이 부담되어 시험에 빠지는 것은 피하십시오. 임직 절차가 걸림돌이 되지 않게 하십시오. 항존직 임직에 감격하고 감사하십시오.

봉사

권사이니 주중 이틀을 교회 봉사하라는데 사업 운영으로 부담스럽습니다

Q 권사 된 지 4년째입니다. 주중 이틀은 교회에 나와 봉사하라고 합니다. 개인적으로 작은 사업도 운영하고 있는데 많이 부담스럽습니다.

A 권사가 하는 일은 목회나 행정이 아닙니다. 목회자를 도와 교인을 돕고 돌보는 일이 직무입니다. 그러나 교회마다 정한 권사의 직무는 각각 다를 수 있습니다. 모든 교회 중직자들이 주님과 교회를 섬기는 것은 구속의 은총에 대한 감격과 헌신이라야지 의무로 그쳐선 안 됩니다. 보상이 있는 것도 아니고, 계약 조건도 아니기 때문입니다.

바울은 "맡은 자들에게 구할 것은 충성이니라"(고전 4:2)라고 했습니다. 충성과 믿음은 어근이 같습니다. 충성은 믿음의 증빙이며 열매입니다.

감리교는 일찍이 남자 권사 제도를 도입했고, 장로교의 경우는 삶의 모범이 되고 교회를 섬길 수 있는 믿음을 갖춘 30세 이상의 여성을 자격으로 정하고 있습니다.

주중 2회 이상 교회에 나와 봉사하라는 것은 교회가 정한 의무이지 교회 헌법에 명시된 규정은 아닙니다. 그러나 "주의 궁정에서의 한 날이 다른 곳에서의 천 날보다 나은즉 악인의 장막에 사는 것보다 내 하나님의 성전 문지기로 있는 것이 좋사오니"(시 84:10)라는 시인의 고백처럼 살 수 있다면 얼마나 좋겠습니까? 그러나 그럴 수 없는 게 우리네 현실입니다.

권사님의 경우 1인 다역의 짐을 져야 합니다. 권사로서, 주부로서, 자녀교육, 사업운영의 의무 등 그 어느 것도 소홀히 할 수 없습니다.

세 가지 원리를 말씀드립니다.

첫째, 우선순위입니다. 내 일이 먼저인가, 주의 일이 먼저인가. 어디에 우선순위를 두어야 하는가를 결정해야 합니다. 정답을 확인하시기 바랍니다.

둘째, 균형입니다. 주의 일 하노라며 가정, 자녀, 사업을 돌보지 않는 것도, 그리고 내 일 하노라며 주의 일을 건너뛰는 것도 옳지 않습니다. 중심을 지키고 치우치지 않는 균형이 필요합니다.

셋째, 신앙적 결단입니다. 그 누구도 헌신이나 섬김을 강요할 순 없습니다. 강제노동이 아니니까요. 자신의 신앙과 이성적 판단으로 결정해야 합니다. 그리고 "내가 나 된 것은 하나님의 은혜"(고전 15:10)라는 바울의 고백을 잊지 마십시오.

선교

해외 단기선교, 비용도 만만치 않은데 꼭 필요한가요?

Q 교회 항존직입니다. 그동안 중단되었던 해외 단기선교를 떠나기 위해 열두 팀이 준비하고 있습니다. 단기선교가 필요한지요. 예산도 만만치 않습니다.

A 선교는 교회에 주신 가장 큰 사명입니다. 미전도종족과 타 문화권에 복음을 전하는 것이 선교입니다. 그리고 이미 기독교가 전래된 나라들이지만 교세가 약하거나 박해 상황에 처한 나라들이 선교 대상국들입니다.

선교 접근은 다양한 방법을 동원할 수 있습니다. 선교 기간은 장기, 중기, 단기로 구분합니다. 파송 교단이나 단체마다 차이가 있습니다만 평생을 선교에 헌신하는 경우도 있고, 기간을 정한 선교사도 있습니다.

단기선교란 짧은 기간 선교현장을 방문하고 선교의 비전을 확인하고 섬기는 것을 말합니다. 비전트립이라 부르기도 합니다.

선교는 영혼을 구원하는 신령한 사역이어서 철저한 준비가 필요합니다.

첫째, 목적이 명확해야 합니다. 명목은 선교지만 여행을 겸한 단기선교는 피해야 합니다. 관광과 선교를 뒤섞을 순 없습니다.

둘째, 현지 상황을 숙지해야 합니다. 그래야 문화, 이념, 종교, 관습의 충돌을 피할 수 있기 때문입니다.

셋째, 현지 선교사나 선교단체와의 긴밀한 협력이 이뤄져야 합니다. 현지 선교사나 현지 교회와의 사전 협의 없이 단기선교팀이 휩쓸고 지나간다면 전혀 선교 현장에 도움이 되지 않습니다. 현지 교회나 선교사들과 긴밀한 협력이 이뤄진다면 선교 효과를 극대화할 수 있게 됩니다.

넷째, 예산 편성의 지혜가 필요합니다. 전적으로 참가자 부담일 경우와 교회 지원일 경우 예산 편성이 어려워집니다. 참가자들은 1년 전부터 단기선교 비용을 준비하고 교회는 지원 예산을 편성하는 지혜가 필요합니다.

다섯째, "단기선교팀 다시 보내주십시오"라는 찬사를 남겨야 합니다. "도움 되지 않습니다. 현지 선교사들의 사역이 더 어려워졌습니다. 다시는 보내지 마십시오"라는 후일담을 남겨선 안 됩니다. "내년에 다시 와주십시오. 다시 보내주십시오"라는 단기선교가 되길 기대합니다.

> 선교

교회 단기선교에 어떤 성도는 10대 자녀들을 데리고 갑니다

Q 유럽에서 36년간 신앙생활을 하고 있습니다. 교회에서 중앙아시아 난민들을 위한 단기선교를 가는데 부부, 18세, 13세, 10세 된 자녀가 함께 가는 가족이 있습니다.

A 긴 세월 유럽에 머물며 신앙생활하시느라 수고하십니다. 대부분 유럽의 이민 교회 상황이 열악한데 뜻있는 일을 추진 중이라니 감동이 큽니다.

먼저 단기선교의 뜻부터 살필 필요가 있습니다. 일반적으로 장기선교는 일정 기간 선교훈련을 받은 사람이 교회나 교단 혹은 선교단체의 파송을 받고 장기간 선교활동을 하는 것을 말하고, 단기선교는 교회의 파송을 받은 사람들이 선교 현장을 단기간 방문하고 봉사활동을 펴는 것을 말합니다. 단기선교는 대부분 젊은이들이 휴가나 방학을 이용하기 때문에 긴 기간 선교가 어렵습니다.

몇 가지 조언을 드리겠습니다.

첫째, 단순 여행이 되지 않도록 해야 합니다. 단기선교팀 구성, 기도 준비, 프로그램 준비 등 단순한 여행이 되지 않도록 철저한 준비와 관리가 필요합니다.

둘째, 현지 선교사와의 긴밀한 협의가 필요합니다. 세계 도처에 한국 선교사가 파송되어 있고 선교에 전력하고 있습니다. 그분들은 누구보다 현지 상황을 잘 알고 있을 뿐 아니라 다양한 관계망을 가지고 있습니다. 독단적 진행보다는 선교 현장을 먼저 이해하고 꼭 필요한 사역을 추진하는 게 좋습니다. 현지 선교사는 만나지도 않고 일방적으로 활동을 펴는 것은 현장에서 사역하는 선교사들에게 큰 부담이 된다는 점을 유의해야 합니다.

셋째, 단기간이지만 선교의 비전을 품는 기회가 되게 해야 합니다. 선교 현장을 밟고 기도하고 씨를 뿌리는 것은 작은 출발에 불과하지만 큰 나무가 될 수 있다는 비전을 품도록 해야 합니다.

넷째, 안전에 최선을 다해야 합니다. 여행 경험이 적은 사람들로 구성되기 때문에, 그리고 선교활동이 제한적인 나라일수록 안전에 최선을 다해야 합니다.

다섯째, 가족이 함께하는 것은 장려해야 할 일입니다. 가족이 선교 비전을 품고 함께 기도로 준비하고 선교현장을 밟는 것은 본받을 만한 일입니다. 단, '선교 때문에 간다'라는 기본은 시종 지켜야 합니다.

> 선교

단기선교팀이 선교지 인근 국가를 관광한 것이 교회에서 논란이 되고 있습니다

Q 시무장로입니다. 10여 팀 넘는 단기선교팀들이 아프리카, 동남아 등 10여 개국 선교를 마치고 무사 귀국했습니다. 그런데 그중 1팀이 3박 4일 일정으로 이웃 나라 관광을 했습니다. 그 팀에 교역자도 끼어 있어서 말들이 오고 갑니다.

A 단기선교의 경우 적어도 1개월 이상은 기간을 잡아야 합니다.
가고 오는 날을 빼면 고작 4~5일 선교 현장을 방문하게 됩니다. 그러나 한국 교회의 선교 열정은 대단합니다. 지방에 있는 모 교회는 교인 백여 명 정도 출석하는데 필리핀에 교회를 세우고 단기선교팀을 파송했습니다.

선교학에서 말하는 선교적 교회는 교회가 동원할 수 있는 선교 비전, 열정, 재원, 사람을 총동원하고 선교 지향적 교회가 되도록 하는 것, 그리고 멀리는 미전도 종족에게, 가까이는 복음을 접하지 못한 사람들에게 복음을 전하는 것입니다. 전 세계 교회 가운데 한국 교회만 그것이 가능합니다. 이 위대한 선교 비전과 전통이 계속 자랄 수 있길 소망합니다.

선교 일정 끝난 후 이웃 나라를 관광하는 것은 가능한 일입니다.

그러나 공과 사의 구분이 좀 더 명확했더라면 좋을 뻔했습니다. 단기선교는 교회의 공적 행사이고 관광은 사적 행사입니다. 그리고 함께 했던 일행 중 일부는 관광에 나서고 일부는 귀국한 것도 현명한 처사는 아닙니다. 차라리 선교 여행 기획 과정에서 단기선교 끝나면 이어 이웃 나라 관광 계획을 짜고 행동을 함께했더라면 좋았겠다는 생각이 듭니다. 관광이 목적이냐, 선교가 목적이냐 시비가 일 수 있는 처신이었습니다.

그렇다고 선교 일정이 끝난 뒤 다시 가기 어려운 그 나라를 3박 4일 방문한 것 때문에 시비를 벌일 일은 아닙니다.

서로의 노고를 치하하고 함께했던 단기선교(비전트립)를 재점검하고 더 많은 사람과 많은 팀이 줄지어 전 세계로 파송받는 그날을 기대하고 기도하시기 바랍니다.

제가 섬기는 교회도 각 부, 각 팀이 여러 나라를 방문했고, 의료팀, 이·미용팀, 아이미션팀 등 특별한 사역팀들도 함께했습니다.

선교한국의 그날을 위해 함께 기도하고 그 비전의 실현을 위해 중단하지 마시기 바랍니다.

목회자

신대원 졸업 후 진로가 고민입니다

Q 신학대학원 졸업반입니다. 졸업 후 진로가 걱정입니다.

 신학대학원 졸업생의 적체가 문제 되고 있는 것은 오래된 상황입니다. 매해 졸업생 수는 많고 일터는 제한적이기 때문이고, 각 신학교마다 지원자가 급감하면서 경영 위기까지 겹치고 있습니다. 그래서 신학교 통폐합 문제가 수면 위로 떠올라 논의가 활발합니다. 인구 감소도 문제를 보태고 있습니다.

우선 신학교 수가 많습니다. 통합 교단의 경우 서울과 지방을 합해 일곱 군데 신학교가 자리 잡고 있습니다. 교단 배경이 없거나 작은 교단이 운영하는 신학교의 경우는 존폐 위기에 직면하고 있습니다.

그럼에도 사역자는 필요합니다. 단, 자신의 적성과 전문성에 맞는 사역지를 찾아야 합니다.

첫째, 목회입니다. 신학대학원을 졸업한 후 바로 담임 목회자가 되는 건 쉽지 않습니다. 전임 전도사가 아니더라도 교회의 초빙을 받고 목회훈련을 받아야 합니다. 보람된 일이긴 하지만 목회가 쉽진 않습니다. 사람의 영혼을 돌보는 사역이어서 각고의 노력과 훈련, 그리고 준비가 선행되어야 합니다.

둘째, 교회 개척입니다. 70년대까지만 해도 개척이 용이했습니다. 그러나 지금은 여러 가지 여건의 변화로 개척이 어려워졌습니다. 자신의 은사를 개발하고 특화된 목회를 펼 수 있다면, 그리고 경제적 여건이 가능하다면 개척도 고려해 볼 수 있습니다.

셋째, 교회 기관을 섬기는 것입니다. 교회 기관이란 연합 기관, 선교 기관, 복지 기관, 언론사 등을 꼽을 수 있지만 폭이 좁습니다. 그리고 좁은 문이어서 들어서는 것이 어렵습니다. 그러나 자신이 지닌 역량이나 가능성이 그 분야의 사역을 감당할 수 있다면 도전해 볼 수 있습니다.

넷째, 연구입니다. 자신의 전공 분야를 살려 연구를 계속할 수 있습니다. 이 경우도 여건이 갖춰졌을 때 가능합니다.

주님의 이끄심을 기도하십시오. 그리고 그 이끄심을 따르십시오. 크고 작음을 떠나 주님이 주시는 사역을 마다하지 마십시오. "어디든지 가오리다"라고 기도하고 복종하십시오.

목회자

담임목회 10년 차인데 허약체질이라 운동을 하라는데…

Q 담임목회 10년 차입니다. 허약체질이어서 지인들이 운동을 하라고 권합니다. 등산, 자전거, 테니스, 골프 등이 있다고 합니다.

A 목회자는 철저한 자아 관리, 영성 관리, 지성 관리, 가정 관리, 그리고 건강 관리가 필요합니다. 극심한 스트레스와 과로가 겹쳐 고생하는 목회자들이 많습니다. 몇 가지 처방을 드립니다.

첫째, 긍정하기입니다. 목회자가 된 것은 하나님의 부르심 때문입니다. 그러나 응답한 것은 나 자신입니다. 그 응답에 대한 책임은 나에게 있습니다. 그리고 하나님이 동역하신다는 신앙으로 살지만 세상에 쉬운 일은 없습니다. 목회의 성패는 양만으로 결정되는 게 아니라는 긍정적 사고로의 전환이 필요합니다.

둘째, 알맞은 운동입니다. 모든 운동이 다 유익하지만 자신의 체력, 시간, 취미, 경제 여건에 알맞아야 합니다. 지출이 과하다든지 장시간을 투자해야 한다든지 체력 소모가 심한 운동은 바람직하지 않습니다. 억지로 하는 운동은 강제 노동이라는 말도 있습니다.

셋째, 건전한 운동입니다. 여가 선용이나 취미 생활, 그리고 운동은 언제 어디서나 건강하고 건전한 것이라야 합니다. 신체적으로 부담되거나 위험한 운동은 피하는 게 좋습니다.

넷째, 유산소 운동입니다. 달리기, 마라톤, 등산 등도 유산소 운동으로 알맞지만 걷기로 시작하는 것이 바람직합니다. 공원 길, 산 언덕 길, 강가, 동네 길을 걷는 것으로 유산소 운동을 시작하십시오. 그리고 쉽게 할 수 있는 스트레칭도 도움이 됩니다.

한 번 잃어버리면 되찾기 어려운 것이 신앙과 건강입니다. 잃지 않도록 노력해야 합니다. 목회는 마라톤이어서 멀리 가야 합니다. 목회자는 자신의 건강과 교회의 건강을 돌볼 책임을 안고 있습니다. 그러나 생명과 건강을 지키시는 분은 하나님이십니다. 육체의 건강보다는 영혼의 건강이 더 소중합니다.

목회자 친구가 약속을 지키지 않아 신뢰를 잃고 있습니다

Q 목회하는 친구가 있습니다. 쉽게 약속하고 제대로 지키지 않아 신용을 잃고 있습니다.

A 앞으로의 일을 상대방과 다짐하는 것이 약속입니다. 약속의 의미는 약속 자체보다 그 약속을 지키는 데 있습니다. 특히 지도자라면 약속을 지키고 이행할 때 지도력이 성립됩니다. "내가 언제 그런 말을 했나? 생각이 안 나는데…"라며 말을 바꾸는 사람이라면 목회자로 인정받기가 어렵습니다.

약속은 둘로 나뉩니다.

첫째, 사람과의 약속입니다. 국민, 교인, 가족, 친지 등 수많은 사람과의 크고 작은 약속이 있습니다. 그리고 어린 자녀들과의 약속이라도 반드시 지켜야 합니다. 지키지 못할 경우 이유를 밝히고 용서를 구해야 합니다.

약속을 지키는 것은 그 사람의 인격과 깊은 연관이 있습니다.

둘째, 하나님과의 약속입니다. 하나님과의 약속은 곧 서원입니다. "사람이 여호와께 서원하였거나 결심하고 서약하였으면 깨뜨리지 말고 그가 입으로 말한 대로 다 이행할 것이니라"(민 30:2). 각서나 서약

문서가 없더라도 입으로 말한 것이 곧 서원이니까 깨뜨리지 말고 지키라는 것입니다.

"그의 마음에 서원한 것은 해로울지라도 변하지 아니하며"(시 15:4).

유불리를 따라 말을 바꾸지 말고 해로워도 지키라는 것입니다.

이스라엘 사사 가운데 입다가 암몬족과의 전투를 앞두고 서원합니다. "전쟁에 이기게 해주시면 제일 먼저 환영 나온 사람을 번제로 드리겠노라"고. 문제는 이기고 돌아오는 입다를 제일 먼저 환영한 사람은 그의 외동딸이었다는 사실이었습니다. 서원 자체도 문제가 있고, 딸을 번제로 바치는 것은 더 큰 문제였습니다. 그러나 그는 자신의 서원을 지켜야 했습니다.

하나님의 신실하심은 약속과 성취로 드러납니다. 모든 약속은 다 그대로 이루어졌고 이루어질 것입니다.

목회자는 말을 아껴야 합니다. 그리고 자신이 한 말을 책임질 줄 알아야 합니다. 무책임한 말이나 변명은 결코 목회에 도움이 되지 않기 때문입니다.

목회자

교회에 부임해 목회를 시작하는데 어떤 자세로 해야 할까요?

Q 4백 명 정도 모이는 지방 도시 교회에 부임해 목회를 시작합니다. 어떤 자세로 목회해야 하는지 알고 싶습니다.

A 담임 목회 사역의 길이 점차 좁아지고 있습니다.
축하드립니다. 몇 가지로 조언하겠습니다.
첫째, 교회론을 정립하십시오.

교회는 예수 그리스도께서 세우신 신령 공동체입니다. 개척한 사람도 목사도 주인이 아닙니다(마 16:18). 목회는 하나님의 양을 먹이고 돌보는 사역입니다. 내 양이 아닙니다(요 21:16). 교회를 바르게 세우고 이끌고 지키는 청지기임을 명심하십시오.

둘째, 서두르지 마십시오.

거목은 오랜 세월 비바람 맞고 자랍니다. 교회 성장은 반드시 필요하지만 속성 성장은 바람직하지 않습니다. '천천히, 확실하게'의 공식을 따르십시오.

셋째, 예수님의 마음을 지니십시오.

'양보다 앞서가고, 양을 알고, 양을 위해 목숨을 버리고.' 여기까지가 목자이신 예수님의 마음이고 삶입니다(요 10장). 목회는 삶이고, 현장입니다. 신학의 유희가 아닙니다. 목자 예수님을 배우고, 닮고, 따르는 거룩한 행위여야 합니다.

넷째, 균형 목회를 실천하십시오.

영성과 지성, 성령과 말씀, 신앙과 삶의 균형을 이루는 목회가 바람직한 목회입니다. 사도행전 교회의 경우 성령님의 임재와 역사가 일어났고 동시에 말씀 운동이 강하게 일어났습니다. 그리고 교회 성장이 폭발적으로 진행되었습니다. 좌나 우로 치우치지 말고 균형을 지키십시오(수 1:7).

다섯째, 설교 준비에 전력하십시오.

표절 시비에 휘말리지 말고 성경을 읽고 기도하고 준비한 설교를 선포하십시오. 그리하여 양들이 배고파하지 않게 하십시오.

여섯째, 최선을 다하십시오.

누구나 최선을 다하면 최상이 될 수 있고, 최선을 다하지 않으면 최하가 됩니다. "맡은 자들에게 구할 것은 충성이니라"(고전 4:2)라는 말씀을 기억하십시오.

충성은 최선을 다하는 것입니다. 최선을 다하는 사람만 개인차를 극복할 수 있습니다.

> 목회자

진보 계열 신학교를 나와 목회 중 보수적인 교인들과 갈등이 심합니다

Q 진보 계열의 신학교를 졸업한 후 소도시에서 목회를 하고 있습니다. 그런데 교인들은 보수적이어서 갈등이 심합니다.

A 보수와 진보는 모든 삶의 분야에 존재하면서 나름의 장단점을 가지고 있습니다.

보수는 기존 질서나 전통을 지키고, 진보는 변화와 새로운 가치를 구합니다. 보수의 단점은 변화의 속도가 느리고, 진보는 혼란을 야기할 수 있다는 것입니다. 신학의 경우도 보수와 진보가 양립할 수 있지만 교회와 직결되어 있다는 특성을 외면하지 않아야 합니다.

한국 신학은 자생적인 것이기보다는 서구 신학의 유입과 그 영향으로 형성된 탓으로 서구 신학의 변동에 민감할 수밖에 없었습니다. 그리고 그 영향은 교단 분열의 단초를 제공하기도 했습니다.

문제는 신학이 교회의 향방을 결정하고 성경 해석의 입장을 가르는 데 있습니다. 신학은 인간의 유한한 지식으로 영원하신 하나님을 논하고 연구하는 학문이어서 임하는 자세도 달라야 하고 차별화되어야 합니다.

신학보다는 신앙이 우선이라야 하고, 신앙 위에서 신학이 형성되고 발전해야 합니다. 신 없는 신학, 사신 신학, 성경 없는 신학은 학문일 수는 있지만 신학이 될 수는 없습니다. 그리고 그런 신학은 교회 문을 닫고, 신앙을 고사시키고, 영혼을 파멸시킵니다.

한국 교회의 신앙과 신학의 모판은 보수 신앙과 보수 신학입니다. 신학을 위한 신학은 학문적 접근 가치는 있을 수 있지만 우리에게 필요한 것은 성경적 신학, 교회 세움 신학입니다. 목회의 경우도 예외가 아닙니다. 신학이 목회 방향을 정하지만 신학 이론만으로 목회는 성립되지 않습니다. 신학교에서 배운 진보 신학을 목회 현장에 도입 적용하는 것을 고려하십시오.

두뇌 목회보다는 무릎 목회로 방향을 바꾸십시오. 교회의 머리이신 주 예수 그리스도의 요청은 보수냐 진보냐가 아닙니다. 예수 그리스도의 사람으로 양육해 하나님 나라의 백성이 되게 하는 것입니다.

진보 신학으로 교인을 조련하지 마십시오. 성경적 목회, 복음적 목회로 전략을 바꾸십시오. 그러기 위해 먼저 자신의 신앙과 목회 체질을 바꾸십시오.

목회자

54세에 목사 안수 받고 교회 개척 하는데 어떤 목회를 해야 할까요?

Q 직장 생활을 정리하고 신학을 공부했습니다. 늦은 나이 54세에 목사 안수를 받고 교회 개척을 시작합니다. 어떤 목회를 해야 할까요?

A 먼저 격려를 보냅니다. 목회 현장이 거칠어졌고 개척도 어려워졌습니다. 그렇다고 교회 개척을 포기할 이유는 없습니다. 하나님이 기뻐하시는 일이기 때문입니다. 다음 몇 가지 조언을 드립니다.

첫째, 차별화하십시오. 자신의 전공과 경험, 그리고 전문 분야를 고려해 다른 교회와 차별화된 목회를 시작하십시오. 그래서 이 교회라야 한다는 평판을 얻도록 하십시오.

둘째, 천천히 확실하게 하십시오. 나이 들어 개척 목회를 시작하는 이들의 특징이 있습니다. 과욕과 서두름입니다. 성공이나 성장의 장애물은 조급함과 서두름입니다. 50년 지나야 거목이 될 묘목을 심는 사람이 있었습니다. 그의 나이는 50세였습니다. 묘목이 거목이 될 무렵 그는 세상을 떠날 것입니다. 그래도 그는 심는다며 나무를 심고 있었습니다.

셋째, 왕국 건설의 꿈을 꾸지 마십시오. 대형 교회를 이룬 ○○교회처럼, ○○목사처럼 되겠다는 꿈을 버리십시오. 목회자의 자세는 내 왕국 건설이 아니라 하나님의 왕국 건설의 노동자가 되는 것입니다. 그리고 ○○목사님이 대형 교회를 이룬 것은 피와 땀과 생명을 걸었기 때문입니다.

넷째, 하나님의 목회에 최선을 다하십시오. 교회와 목회의 주인은 하나님이시고, 명하신 분도 하나님이십니다. 명하신 뜻을 바르게 헤아리고 정하신 테두리를 벗어나지 마십시오. 예수 그리스도는 인간 구원의 사명을 이루시기 위해 생명을 바치셨습니다. 목회는 영혼을 구원하는 거룩한 사역이기 때문에 목회자는 영혼 구원을 위해 생명을 걸어야 합니다. 물론 목회를 위한 학문적 접근이 필요하지만 영혼 구원은 목회학으로 되지 않습니다.

다섯째, 완주하십시오. 개척 목회의 길이 험난하고 뜻대로 되지 않을 때가 있을 것입니다. 그러나 쉽게 포기하지 말고 완주하십시오. 이 사역은 하나님이 나에게 주신 은혜라는 감격을 잊지 마십시오. 보람된 개척 목회가 되길 기도하겠습니다.

목회자

담임 목사가 위임 5년 만에
대도시 큰 교회로 옮겨갔습니다

Q 지방 소도시에 있는 교회 시무장로입니다. 담임 목사님이 위임식 5년 만에 대도시 큰 교회로 옮겨가셨습니다.

A 목사가 교회를 옮기는 이유는 두 가지입니다.

첫째, 목회 환경입니다. 극복하기 힘들고 더 이상 견디기 어려운 상황들이 겹쳐 떠날 수밖에 없기 때문에.

둘째, 자신의 발전을 위해서입니다. 대도시 큰 교회, 거기다 자신의 비전을 펼 수 있는 목회 환경이 갖춰진 교회일 때 섬기던 교회를 떠나게 됩니다.

목회자가 떠날 수밖에 없는 원인 제공 책임이 교회에 있다면, 그리고 그 원인을 개선하지 않는다면 목회자의 이임은 되풀이될 것입니다. 그리고 목회자 자신의 발전이나 큰 교회의 청빙이라는 조건만으로 위임한 교회를 떠나는 것은 책임윤리에 어긋납니다.

위임 목사는 노회의 허락으로 교회 목회 전반을 위임받은 목회자입니다. 교인들의 신뢰와 사랑을 외면한 채 더 큰 교회라는 이유만으로 교회를 옮기는 것은 목회윤리와 정도에 어긋납니다. 목사 위임은 헌법에 명시된 행정 절차이면서 책임을 전제한 약속입니다. 하나님과의 약속이고 교회와의 약속입니다.

모든 목회자는 장기 목회와 완주 목회를 원하지만 그렇지 못한 경우들도 많습니다.

교회들에게 권합니다. 목회자들이 오고 싶어 하는 교회, 목회하고 싶어 하는 교회, 푸른 초장 같은 교회를 이루십시오. 사람이 주인 된 교회가 아닌, 예수 그리스도께서 머리가 되시는 그런 교회를 세우십시오. 목회자의 이동이 잦은 교회가 아닌, 장기 목회자가 뒤를 잇는 교회를 만드십시오.

중직들에게 권합니다. 교회 안에서 맡은 중직은 교회를 섬기라고 주신 직분입니다. 보직도 아니고 서열이 있을 수도 없습니다. "맡은 자들에게 구할 것은 충성이라"라는 말씀을 명심하십시오.

목회자들에게 권합니다. 목회란 예수 그리스도의 십자가 길을 뒤따르는 것이어서 큰 교회, 작은 교회를 상품처럼 가르면 안 됩니다. 처신을 삼가고, 힘든 목회 현장이라고 쉽게 포기하지 마십시오.

목회 현장이 갈수록 각박해져 가고 있습니다. 그래서 새로운 다짐과 결단이 필요합니다.

> 목회자

목회자 모임에서 'AI 목회 도입' 놓고 의견이 갈리는데…

Q 목회자 모임에서 AI를 목회에 적극 도입해야 한다는 의견과 심사숙고해야 한다는 의견이 엇갈렸습니다.

A 공상과학 만화에도 없었던 현실이 전개되고 있습니다.

AI를 대하는 세 부류의 사람들이 있습니다. AI를 만들고 즐기는 사람들, 뒤따라가기 위해 학습하는 사람들, 외면하는 사람들입니다.

AI는 상상을 초월하고, 발전 속도가 빠르고, 삶과 직결되어 있고, 예측 예견 예단이 어렵다는 특징 외에 목회 현장에도 깊숙이 들어서고 있습니다. 중세 교회가 신앙과 과학의 충돌로 혼란을 겪었던 것처럼 현대 교회는 AI와 맞닥뜨려 우왕좌왕하고 있습니다.

인공지능의 최종 목표는 사람처럼 생각하고 행동하는 기계를 만드는 것입니다. 여기서 AI의 순기능과 역기능을 살펴야 합니다. 수십 권의 책을 읽어야 나올 답을 AI는 순식간에 만들어 냅니다. 질문에 따라 다르긴 하지만 정확도 높은 자료와 답을 얻을 수 있습니다. 빠르고 편합니다. 그러나 AI는 양심이 없고 윤리적 기준도 없습니다. 다량의 살상무기를 만들 수도 있고, 버튼을 누를 수도 있습니다.

목회는 영혼을 사랑하는 돌봄이어서 최상의 윤리와 영성이 전제되어야 합니다. 그런데 AI 의존도가 영성 의존도보다 높거나 목회자의 사고 영역을 점령해 버린다면 AI가 주도하는 목회가 되고 말 것입니다.

AI는 다양한 자료를 수집해 짧은 시간 안에 정돈된 설교를 만들 수 있습니다. 그러나 그것은 성경 읽고, 연구하고, 기도로 만든 영성 넘치는 설교가 아닙니다. AI가 교회 운영이나 관리의 경우 효율성을 극대화할 순 있겠지만 신령 공동체로서의 정체성은 빼앗기고 말 것입니다.

AI는 누가 어떻게 활용하느냐를 따라 흉기가 될 수도, 이기가 될 수도 있습니다. AI가 인간의 삶이나 목회를 돕고 보완하는 차원을 넘어서면 바벨탑이 되고, 폭군이 될 것입니다. 그리고 하나님은 인간을 지으시고 인간은 AI를 만든다는 창조 섭리를 벗어나면 안 됩니다. AI를 목회 도구와 조력자로 활용하기 위해 구체적 전략을 연구하고 찾아야 합니다.

목회자

50대 목회자인데 건강·취미 위해 자전거 타라는 조언을 받았습니다

Q 목회 15년 차의 50대 중반 목회자입니다. 친구들이 건강관리와 취미생활을 위해 자전거 동호회에 가입하라고 권합니다.

A 목회자의 경우에도 취미 생활의 폭은 다양합니다. 등산, 달리기, 테니스, 탁구, 족구, 낚시, 바둑, 조기축구, 골프, 자전거 타기 등. 그 외에도 태권도, 유도, 검도를 취미 활동으로 하는 이들도 있습니다.

그러나 목회자의 취미 생활은 제한적이고 선별적이라야 합니다. 기본 원리를 지켜야 합니다.

첫째, 교인들의 이해도입니다. 긍정적으로 이해하고 동의할 수 있는 것이라야 합니다. 교인들의 이해가 성립되지 않는 것은 피하는 게 좋습니다.

둘째, 안전성입니다. 취미 생활 때문에 부상을 당한다든지 목회에 부정적 영향을 미칠 가능성이 있는 활동은 자제하는 게 옳습니다.

셋째, 시간 문제입니다. 여가를 즐기거나 취미 생활에 많은 시간을 쏟아야 하는 것은 삼가야 합니다. 시간 관리에도 균형이 필요하니까요.

넷째, 지출이 과다한 것은 피해야 합니다. 지출을 최소화하면서 즐길 수 있는 것들을 선별해야 합니다.

다섯째, 건전한 활동이라야 합니다. 건강에 좋고 탁월한 취미 활동이더라도 건전성이 보장되지 않는 것들이라면 멀리해야 합니다.

우리나라의 경우 자전거 인구가 1,340만 명이 넘고, 매일 330만 명 이상이 자전거를 탄다고 합니다. 장점은 전신운동은 물론 지구력과 인내심을 키워 준다는 것이고, 단점은 자전거 구입 경비와 사고의 위험이 문제가 된다고 합니다. 동호회에 따라 다르지만 가입비를 내야 하는 곳도 있고, 회원의 추천이 있어야 하는 곳도 있다고 합니다. 동호회의 경우 대부분 자전거 타는 날은 주말로 정해져 있고, 국토 완주의 경우는 여러 날이 소요된다고 합니다. 전문가들은 일정한 훈련을 거친 뒤 자전거 페달을 밟으라고 권합니다.

교회 상황과 목사님의 개인 형편을 고려한 후 결정하시고, 건강한 목회에 최선을 다하시기 바랍니다.

목회자

직장 생활 하다 부르심받고 신대원 입학했는데 가족이 그만두라 합니다

Q 신학대학원 졸업반입니다. 대학 졸업 후 직장 생활 하다가 강력한 부르심 때문에 신학대학에 입학했는데 지금도 부모님이나 아내는 그만두라고 합니다. 아직 초빙하는 교회도 없습니다.

A 신약성경 가운데 가장 강력한 부르심을 받은 사람은 사울입니다. 사울 자신도 예견하지 못했던 일방적 부르심이었고, 수많은 사람 가운데 단 한 사람을 정한 선택적 부르심이었고, 목적이 분명한 부르심이었고, 극적인 부르심이었습니다.

그 부르심에 대한 응답의 결과는 전적 포기와 순종이라야 했고, 전혀 예상하지 못했던 주 예수 그리스도의 종으로 살아가야 하는 삶이었습니다(롬 1:1). 이사야 역시 하나님의 부르심에 응답한 후 삶과 사역의 대전환이 일어났습니다(사 6:8).

어떤 상황에서 어떻게 부름받았든지 하나님은 맹목적으로 부르시지 않습니다. 꼭 필요한 일을 위해 필요한 사람을 부르십니다. 그 부르심의 깊은 뜻을 소명 당시에 깨닫는 경우도 있고, 시간이 지난 뒤에 발견하는 경우도 있습니다.

제 경우 목사가 된 것은 어머니의 일방적 기도 때문이었습니다. 어머니는 새벽기도 개근생이었습니다. 눈, 비, 바람, 계절 가리지 않고 제가 어려선 업고, 걷기 시작한 뒤로는 손을 잡고 새벽기도를 다니셨습니다. 뒤에 안 일이지만 단 하루도 외아들 목사 되게 해달라는 기도를 빠뜨린 일이 없었답니다. 그러나 저는 단 한 번도 목사 되게 해달라는 기도를 한 일이 없습니다. 제가 되고 싶었던 것은 다른 것이었기 때문입니다. 그러나 철들면서 저의 기도 제목과 방향이 어머니의 기도와 일치하기 시작했습니다. 제가 하고 싶다는 일을 하나님은 다양하고 절묘한 방법으로 막으시고 목사가 되는 쪽으로 저를 이끄셨습니다. 그리고 이 모든 일은 하나님 은혜였노라는 바울의 고백처럼 큰 은혜와 섭리였음을 믿습니다.

당황하거나 두려워하지 마십시오. 하나님이 정하신 계획과 섭리를 기다리십시오. 내가 원하는 시간과 하나님이 정하신 시간은 동일하지 않습니다. 하나님의 시간표를 기대하고 기도하십시오. 그리고 부모님과 아내가 동역자가 되도록 기도하십시오. 특히 아내의 내조가 천군만마를 대신한다는 사실을 기억하고 동역, 동반, 동행자가 되도록 더 기도하십시오. 축하합니다.

목회 운영

사군자 식물에 성서적 의미가 있나요?

Q 교회 안에서 시를 쓰고 사군자를 그리는 이들의 조촐한 전시회가 있었습니다. 그런데 사군자는 성서적 식물이 아니라며 이견을 제시하는 사람이 있었습니다.

A 일찍이 중국에서 학문과 덕이 높은 사람을 군자라 불렀고, 군자의 기품을 지닌 식물로 매화, 난초, 국화, 대나무를 사군자라 불렀습니다.

사군자의 출처는 동양 문화권입니다. 성경적 대표 식물로 포도나무, 무화과나무, 감람나무, 그리고 광야에 서식하는 식물들이 등장합니다. 예수님도 "들의 백합화를 보라" 하시며 꽃을 예로 드셨습니다 (마 6:28~29).

중요한 것은 팔레스타인 지역에서 자라거나 성경에 등장하는 식물들, 그리고 전 세계에 퍼져 있는 식물들은 다 하나님이 지으신 것들이라는 것입니다. 사군자도 절로 나고 피고 지는 것이 아닙니다. 하나님의 피조물입니다. 사군자가 접하고 있는 문화가 다를 뿐입니다.

솔로몬은 술람미를 "노루와도 같고 어린 사슴과도 같아라"(아 8:14)라고 예찬했습니다. 술람미의 아름다움을 노루와 사슴으로 상징한 것입니다.

   사군자, 레바논의 백향목, 들에 핀 백합화, 노루, 사슴, 천지만물, 거기다 사람도 하나님이 창조하셨습니다. 그리고 기르시고 돌보십니다(시 8:3~4).

   사군자를 화폭에 담고 시를 짓고 얼마나 멋집니까? 우리 시대는 문화충돌 지수가 높아지고 있습니다. 신령 공동체라는 이유만으로 문화 공간의 문을 잠그면 지역사회와의 소통에 벽이 쌓이게 됩니다.

   그렇다고 문화 행사 전시장을 만들 필요는 없습니다. 시화전의 목적과 의미는 무엇인가, 왜 그런 행사를 하는가에 대한 검토가 선행되면 금상첨화입니다.

   교회 공간이 허용된다면 음악회, 전시회 등을 통해 교인과 교인, 교인과 주민이 함께하는 장을 자주 마련하는 것은 바람직한 일입니다.

목회 운영

성전 신축을 위해 설계 중인데
십자가 탑 높이로 의견이 갈리고 있습니다

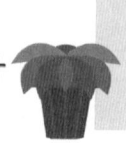

 성전 신축을 위해 설계 중입니다. 당회가 모여 설계를 위한 의견을 나누는데 십자가 탑 높이로 의견이 갈리고 있습니다.

성전 건축, 복된 일을 시작하셨군요.

성전은 하나님을 예배하는 처소여서 차별화되어야 합니다.

솔로몬의 성전 건축을 예로 들겠습니다(왕상 5~8장).

첫째, 조용하게 진행했습니다. 공사 현장에 방망이, 도끼, 철 연장 소리가 들리지 않게 했습니다.

둘째, 레바논의 백향목, 정금, 감람나무 등 고급 자재를 사용했습니다.

셋째, 입히고, 아로새기고, 정성을 다했습니다.

넷째, 설계와 식양대로 건축했습니다.

다섯째, 역군, 짐꾼, 돌 뜨는 자, 감독관리 18만 3천3백 명이 함께했습니다.

그때나 지금이나 성전 건축의 원리는 같습니다. 서로 의견을 나눌 수는 있겠지만 충돌이나 대립으로 번지면 안 됩니다.

설계는 전문 분야입니다. 그리고 건물의 높이나 넓이는 건축법이 정한 규범을 따라야 합니다. 어떤 형식의 설계냐에 따라 십자가 탑의 위치와 높이, 모양과 자재가 결정됩니다.

십자가는 예수 그리스도의 대속을 상징합니다. 그래서 교회 건물엔 십자가 탑을 세우고, 예배당 안에 설치하기도 합니다. 그런데 성전 안에서 십자가를 찾기 어렵다든지, 한편으로 밀어내는 것은 삼가야 합니다.

당회는 어떤 교회를 지을 것인가, 어떻게 지을 것인가를 논의해야지, 십자가 탑 높이로 의견이 갈리는 것은 바람직하지 않습니다. 보이는 교회 건물 짓느라 보이지 않는 교회가 상처받는 일은 절대로 피해야 합니다.

십자가 탑 높이와 신앙의 높이는 전혀 무관합니다. 조용하게 고급 자재로 정성 다해 함께 건축한 솔로몬의 성전은 솔로몬의 개인 작품이 아니었습니다. 설계와 식양대로 건축한 건축 진행자였을 뿐입니다.

솔로몬의 성전에 하나님이 임재하신 것처럼 새로 짓는 성전에 하나님의 영광이 임재하시길 빕니다(왕상 9:3).

> 목회 운영

교회 재정을 저축하고 증식해 늘리자는 의견 있습니다

Q 재정담당 장로입니다. 여유 있는 교회 재정을 저축하고 증식을 위해 투자하자는 의견이 있습니다.

A 행복한 얘기군요. 한국 교회의 경우 미자립 교회가 70퍼센트 이상이고, 미자립 교회의 연간 예산은 평균 3천만 원 이하입니다. 저축은커녕 교역자 생활비 지급도 어렵습니다.

일반적으로 교회 재정은 교인들이 드린 헌금으로 책정되기 때문에 증식을 위한 투자는 잘못입니다. 헌금은 목적대로 사용되어야 합니다. 주식, 증권, 부동산 등에 투자하는 것은 옳지 못합니다. 그리고 교회 재정이 남아돈다면 그건 기현상입니다.

헌금은 성도들이 드리는 거룩한 예물입니다. 그래서 드리는 자세나 운영하는 자세가 바르게 정립되어야 합니다.

바울의 헌금론은 힘에 지나도록 풍성하게(고후 8:2~3), 미리 준비하여(고후 9:2, 5), 즐겁게(고후 9:7) 드릴 것을 말합니다. 그러나 "너희 몸을 하나님이 기뻐하시는 거룩한 산 제물로 드리라 이는 너희가 드릴 영적 예배니라"(롬 12:1)와 "자신을 주께 드리고"(고후 8:5)라는 두 구절은 헌신이 헌금보다 더 소중하다는 것을 밝힙니다.

교회의 재정 관리는 거룩한 사역입니다. 이익 창출을 목표로 삼는 집단과는 관리 방법이 달라야 합니다. 교회 신축이나 선교 사역을 위해 긴축하고 비축하는 일은 있을 수 있습니다. 그러나 남아도는 재정을 쌓아두거나 투자하는 것은 바람직하지 않습니다. 바로 믿고 바로 살아야 하는 것처럼 헌금도 바로 드리고 바르게 관리해야 합니다.

우리 주변과 더 나아가 지구촌 도처에서 교회를 부르고 있습니다. 가야 할 곳과 할 일들이 쌓여 있습니다. 재정 집행의 우선순위를 정하고 소모적 예산 집행으로 헌금이 누수되는 것은 피해야 합니다. 교회 재정 구조는 행정, 선교, 교육, 봉사 등으로 균형을 맞추는 게 좋습니다. 교회 재정 증식을 위해 세상 방법을 따르지 마십시오.

> 목회 운영

노후화된 영상 장비 교체를 놓고 교회 내 의견 갈립니다

Q 지방 도시에 있는 교회인데 영상 장비가 너무 노후화해 교체해야 합니다. 교체 비용 때문에 찬반 의견이 나뉘고 있습니다.

A 교회마다 영상 시설이 유행입니다. 남들 다 하는데 안 할 수도 없고, 하자니 경비가 만만치 않고 찬반 의견이 갈릴 수 있습니다. 그러나 최첨단 영상 시설 때문에 교인이 는다던지 교회가 성장하는 것은 아닙니다. 교인들에게 필요한 것은 고화질 영상이 아니고, 영혼을 살리는 복음입니다.

물론 짜임새 있게 편성된 영상이 복음 전달의 도구가 될 수는 있습니다. 하지만 그것은 방편일 뿐 본질이 아닙니다.

교회마다 영상 시설을 하는 이유는

① 남들이 다 한다 ② 편리하다 등입니다.

문제점도 있습니다.

① 영상 기기를 다루고 편집하는 전문 인력을 찾는 것입니다. 교인 가운데 봉사 인력을 찾을 수도 있겠지만 전문 분야여서 사람 찾는 게 쉽지 않습니다.

② 영상 기기가 고가라는 점입니다. 카메라, 송출 장비, 컨트롤러,

멀티뷰, 모니터, 분배기, 변환기, 자막기 등이 필요한데 최소한 1억 정도가 소요된다고 합니다. 고급 장비는 더 많은 예산이 필요합니다.

③ 반드시 필요한가입니다. 영상 장비가 하는 일은 대동소이합니다. 예배 순서, 기도자, 찬송가, 설교 제목이나 요약, 성경 본문, 광고, 특별 행사, 홍보 등을 영상으로 처리합니다. 그러나 그런 것들은 영상 처리가 아니어도 예배 진행에 지장이 없습니다.

다시 말하면, 절대로 필요한 것은 아니라는 것입니다.

영상 문화를 외면할 필요는 없겠지만 그렇다고 교회가 영상문화에 민감할 이유도 없습니다. 필요하다로 의견이 모아지면 교회 재정 수준에 맞추십시오. 그리고 저비용으로 효과를 극대화하는 전략을 세우십시오. 그러나 가장 중요한 것은 교회의 본질을 되찾는 것입니다. 영상 시설 때문에 감동받고 예수를 영접하는 경우는 없습니다. 복음선포를 통해 예수 그리스도를 만났을 때 회심과 결단이 일어납니다.

비본질적인 데 기울다 보면 본질을 놓치기 쉽습니다. 교회는 AI나 메타버스를 따라가기보다는 예수 따르는 데 전력해야 합니다. 문화적 교회보다는 복음적 교회, 장비가 탁월한 교회보다는 교회다움을 갖춘 교회가 되는 것이 선결 과제입니다.

> **목회 운영**

담임 목사는 영적 지도자인데 청빙을 신문 광고로 해도 되나요?

Q 신문에서 담임 목사 청빙 광고를 자주 보게 됩니다. 영적 지도자 청빙을 광고로 해도 되는지요.

A 담임 목사 청빙 광고가 유행처럼 번지고 있습니다.
먼저 긍정적 입장을 살피겠습니다.

광고란 다양한 매체인 TV, 신문, 잡지, 인터넷 등을 통해 널리 알리는 것입니다. 교회 입장에선 광고를 통해 적임자를 찾아 청빙하려는 것은 가능한 일입니다. 목회자는 긴 세월 고락과 영적 삶을 함께해야 하기 때문에 일용직을 구하듯 할 순 없습니다. 그리고 목사 입장에서도 다양한 기회를 찾고 지원할 수 있다는 점에서 긍정적일 수 있습니다.

그러나 부정적 입장도 살펴야 합니다.

모 교회는 신문 광고 후 100여 통의 신청서가 접수되었다고 합니다. 교회마다 선별 과정은 다르지만 이력서, 경력증명서, 학위증명서, 설교 영상, 목회계획서, 신앙고백서, 가족관계증명서, 건강진단서까지 제출해야 하고, 정한 과정을 거쳐 순위에 든 사람들은 교회 예배 시 설교와 인터뷰를 거쳐 최종적으로 한 사람을 정하게 됩니다. 담임 목사로 선임된 모 목사님은 대기업 CEO보다 더 힘든 과정을 거쳤다고 했습니다. 이력서를 제출했지만 선임되지 못한 99명이 겪는 후유증은 심각합니다.

목회는 이력이나 경력, 그리고 한 편의 설교로 되는 게 아닙니다. 그리고 피상적 검토만으로 목회자의 자질을 평가하는 것은 한계가 있습니다. 목회는 기업 운영이 아닙니다. 영혼을 돌보는 신령한 사역입니다. 공동체를 이끌 리더십이 필요하지만 그러나 교회는 신령 공동체여서 신령한 리더십이라야 합니다. 전문적 지식이 필요하지만 전문 지식을 넘어 거룩한 지혜라야 수행이 가능합니다.

교회마다 광고 내용은 대동소이하지만 용어 선택에 차이가 있습니다. 예를 들면, '신학대학원 졸업한 분, 목사 안수 후 7년 지난 분, 교단이나 사회법에 무흠한 분'으로 된 광고가 있는가 하면, '졸업한 자, 7년 지난 자, 무흠한 자'로 표기한 광고도 있습니다. '분'은 높임말이고, '자'는 낮춤말입니다. 광고 문안도 다듬어야 할 필요가 있습니다.

바람직한 청빙은 교인들이 존경하는 목회자를 중론을 거쳐 초빙하는 것입니다. 바른 청빙 문화가 정착되길 기대합니다.

목회 운영

당회에서 예배에 늦는 교인들에 대해 논의 중인데…

Q 저희 교회는 1부는 9시, 2부는 11시 두 차례 예배드리는데 늦게 오는 교인들이 있어서 당회가 논의 중입니다.

A 예배 시간은 교회마다 다르고 성경도 예배 시간을 정하고 있진 않습니다.

그러나 교회가 정한 예배 시간은 공적 약속이어서 지키는 게 옳습니다.

호주 하원의회의 경우 회의가 시작되면 회의장 문을 닫는다고 합니다. 미국의 카네기 홀이나 링컨센터, 서울 예술의전당도 연주가 시작되면 문을 닫습니다. 모든 국제 회의도 정한 시간을 지킵니다. 하물며 하나님께 예배드리는 시간을 지키지 않고 상습적으로 지각 예배를 드리는 것은 결코 바람직하지 않습니다.

만일 예배는 늦어도 괜찮다는 생각 때문이라면 바로 고쳐야 합니다. 그러나 상황을 고려한 융통성도 필요합니다. 교통사고로 길이 막혔다든지, 정체 현상으로 늦는 등 특수 상황이 있을 수 있기 때문입니다. 숨 가쁘게 달려왔는데 교회 문이 닫혀 되돌아간다면 그 교인이 받는 상처가 클 것입니다.

예배 시간도 약속입니다. 약속을 지키지 않는 사람은 인격적 신뢰가 어렵습니다. 크든 작든 약속은 지켜야 합니다.

성경은 인간을 향한 약속을 기록한 책입니다. 그 약속대로 예수 그리스도가 이 땅에 오셨고, 예언대로 십자가에 죽으시고 부활하셨습니다. 그리고 다시 오신다는 약속을 남기시고 승천하셨습니다. 이스라엘은 하나님과의 약속을 저버린 탓으로 남북 왕조가 차례로 패망했습니다.

약속은 지킬 때 그 가치를 인정받습니다.

당회가 예배 시간 지키는 것을 공적으로 논의할 수 있습니다. 그러나 법을 정하고 내규를 정하는 것은 피하십시오. 역반응을 일으킬 가능성이 있기 때문입니다.

바른 예배를 가르치고 예배 시간 지키기 캠페인을 시작해 보십시오. 그리고 불가피한 상황 때문에 예배 시간에 늦은 사람들이 주눅 들지 않게 하십시오.

시간보다 더 중요한 것은 바른 예배를 드리는 것입니다.

목회 운영

개척교회 자립이 어려워 카페를 운영하는데 이중직 사역으로 문제가 될까요?

Q 30여 명 모이는 개척 교회를 섬기고 있습니다. 자립이 어려워 주중에는 카페를 운영하고 있습니다. 이중직이라서 문제가 되는지요?

A 오래전 LA에서 택시를 탔는데 운전기사가 한국인 목회자였습니다. 주일엔 20여 명 모이는 교회 목회를, 주중엔 택시 목회를 하노라고 했습니다. 매달 내야 하는 임대료 등 교회 운영과 생활비 마련을 위해 내린 힘든 선택이었다고도 했습니다. 누가 그더러 "목회만 하시오. 이중직을 그만두시오"라고 말할 수 있겠습니까?

거슬러 올라가면 바울도 이중직 사역자였습니다. 목회자, 전도자, 선교사로서 자비량 사역을 위해 천막을 만들어 팔았습니다. 오히려 그것은 떳떳한 선택이었습니다.

이중직 논란이 찬반으로 엇갈려 뜨겁습니다. 하지만 재벌이 되고 잘살기 위해 이중직을 선택하는 사람은 없습니다. 피치 못할 선택입니다. 그들에게 굶더라도 목회에만 전념하라든지, 이중직은 정도가 아니라며 돌을 던질 수는 없습니다. 오히려 위로와 격려가 필요합니다.

편히 잘살기 위해 이중직을 선택하는 사람은 없습니다. 그리고 이중직을 최선책이라고 여기는 사람도 없습니다. 목회 데이터 연구소 자료에 의하면, 배우자가 직업을 갖는 경우가 65퍼센트였고, 목회자의 경우 대부분 단순 노무직, 자영업, 택배, 학원 강사 등 이중직 직종이었습니다. 그리고 이중직 목회자들 중 91퍼센트는 그래도 목회를 한다고 답했습니다. 그들은 교회 사각지대를 섬기는 사람들이고, 이런 저런 일로 대형 교회 그룹에 들어서지 못하는 사람들입니다. 그리고 그들도 필요한 사역자들이기 때문에 명칭도 자비량 목회로 바꿔 부르고 있습니다.

이중직 목회가 아닌 담임 목회자들의 경우도 어렵고 힘든 것은 마찬가지입니다. 거친 목회 환경을 헤쳐나가는 일이 결코 녹록지 않기 때문입니다. 교회의 대소를 떠나 목회 지향점은 하나입니다. 그리고 자비량 목회자를 포함해 모든 목회자는 동역자라야 합니다.

힘들더라도 영혼 구원에 최선을 다하십시오. 그리고 카페보다 교회에 열정을 더 쏟으십시오. 카페는 방편이지 목적은 아닙니다. 이중직 과제가 긍정적 이해를 전제로 논의되면 좋겠습니다. 믿음과 용기로 목회 사역에 최선을 다하십시오.

목회 운영

최근 교회 청년들이 소문난 큰 교회로 떠나 마음 불편합니다

Q 4백 명 정도 모이는 교회입니다. 저희 교회 청년들이 소문난 큰 교회로 옮겨갔습니다. 마음이 편치 않습니다.

A 왜 옮기는가? 정답은 옮기는 사람들이 가지고 있습니다.

그들이 교회를 떠나는 이유는 다양합니다. 교회의 무관심, 내분, 진부한 목회, 설교 등을 꼽습니다. 이 경우 원인 제공자는 교회와 목회자입니다. 떠나야 할 원인을 만들었기 때문입니다.

그런가 하면 유행병처럼 번지는 쏠림 현상도 이동을 부추기고 있습니다. 코로나19 사태로 온라인 스타들의 부상과 함께 그들 교회로 젊은이들이 옮기고 있습니다. 이 유행병은 오래 지속될 전망입니다. 저출산으로 인한 다음 세대의 급감 현상과 초고령 사회의 진입이 맞물려 교회 상황도 심각합니다. 거기다 가나안 교인의 증가가 교회를 위협하고 있습니다. 이런 현상은 한국 전체 교회의 존폐 문제로 다가오고 있습니다.

오는 사람 오지 말라, 가는 사람 가지 말라는 방식은 해법이 아닙니다. 교회의 체질을 바꾸고 목회 전략을 새롭게 짜야 합니다.

떠나는가? 왜 떠나는가? 교회가 그들을 떠나게 하는가? 왜 무사안

일에 안주하는가? 이런 것들에 대한 통찰과 전략을 세우지 않는 한 침체의 늪을 헤어나지 못할 것입니다.

대형 교회의 경우도 예외가 아닙니다. 지방 교회 목회자의 말이 떠오릅니다. 자신은 실버 교회 담임 목사라며 주일학교가 없어지고, 젊은이들은 대학 진학과 취업으로 떠나고, 70세가 청년회 회장을 맡고 있다고 했습니다.

그런가 하면 청년들은 다양한 도전과 유혹에 노출되어 있습니다. 그들이 문화 현장에서 신앙을 지키고 제2의 다니엘이 되도록 영적 에너지를 공급해 주어야 합니다. 그들이 교회를 떠나는 원인은 바깥에 있기보다 교회 안에 있습니다.

다행한 것은 다음 세대를 위해 고군분투하는 사역자들이 있다는 것입니다. 그들과 교회가 손을 잡는 것도 중요한 전략일 수 있습니다.

젊은이들은 외롭다고 말합니다. 자기네를 이해하고 돌보는 진정성 있는 리더를 바라고 있습니다. 떠나간 양들이 되돌아올 수 있는 양 우리를 만드십시오. 젊은 교회로 체질을 바꿔 보십시오. 그것은 한국 교회의 숙제이기도 합니다.

> 목회 운영

결산과 새해 목회 계획을 세우는 당회를 '정책 당회'라 해도 되나요?

Q 연말을 앞두고 결산과 새해 목회 계획을 의논하는 당회가 모여야 합니다. 정책 당회라고 해도 되는지요.

A 정책 당회, 거창한 느낌입니다.
'정책'의 사전적 의미는 정부나 공공단체가 정치적 목적을 정하고 실현을 위해 세우는 방침을 뜻합니다. 교회도 정치가 필요하지만 정부나 공공기관처럼 정책을 세우고 다루는 곳은 아닙니다. 차별화된 정치이기 때문입니다.
당회의 구성은 지교회에서 시무하는 목사, 부목사, 장로 2인 이상이어야 하고, 세례교인 30인 이상이어야 합니다. 그리고 당회의 직무는 교인의 신앙과 행위 통찰, 세례, 입교자 문답, 성찬식 관장, 각종 증서 교부와 접수, 예배 주관, 신령적 유익 도모, 안수집사 권사 임직, 각종 헌금 방안 협의, 재정 감독 관리, 범죄자 소환, 심문, 증언 청취, 권징 등입니다(예장 통합 총회 헌법 68조 참조). 그 어느 곳에도 정책이란 용어는 없습니다.
언제부터인가 연말 정책 당회라는 용어가 사용되고 있지만 교회는 성별된 신령 공동체이지 정책을 세우고 추진하는 기구는 아닙니다. 정책이란 바람직한 교회 용어가 아닙니다.

장로가 하는 일은 "교회의 택함을 받고 치리회의 회원이 되어 목사와 협력하여 행정과 권징을 관장하는 것"(헌법 39조)입니다. 목사의 자격은 "신앙이 진실하고 행위가 복음에 적합하며 가정을 잘 다스리고 타인의 존경을 받는 자"입니다(딤전 3:1-7, 헌법 26조).

당회 회집은 당회장이 소집할 필요가 있을 때, 당회원 반수 이상이 소집을 요구할 때, 상회가 당회 소집을 지시할 때 가능합니다(헌법 69조). 연말이나 새해를 앞두고 모이는 당회는 결산과 계획을 위한 회집이어서 중요한 당회입니다.

당회가 회집될 때마다 살펴야 할 원리가 있습니다. 교회의 머리이시고 주인이신 주님이 기뻐하시는가, 교회에 유익한가, 교인들이 공감하고 함께할 수 있는가입니다.

교회는 세속 공동체가 아닙니다. 그래서 의논도 의결도 주인을 외면하면 안 됩니다. 교회는 사기업이 아닙니다. 그래서 내 뜻이 앞서면 안 됩니다. 정책 당회 대신 연말 당회, 목회 계획을 위한 당회, 결산과 계획을 위한 당회 등 평범한 용어를 사용하면 어떨는지요.

목회 운영

50년 목회한 목사님 기념 행사를 '희년 감사'로 표현해도 되나요?

Q 개척 이후 50년간 목회하신 목사님의 노고를 치하하는 기념 행사를 교회가 준비하고 있습니다. 희년 감사라고 해도 되는지요.

A 희년은 가나안 땅에 들어갈 이스라엘 사람들을 위해 하나님이 제정하신 제도입니다. 일곱째 날은 안식일, 일곱째 해는 안식년, 일곱 안식년 다음 해는 희년입니다. 희년은 거룩한 해로, 억눌린 사람들에게는 자유가 선포되고, 자기 소유지로 되돌아갈 수 있고, 파종하고 거두는 것, 사고파는 것이 금지됩니다.

이것은 이스라엘 공동체의 건강성과 질서 회복을 위한 하나님의 섭리였습니다. 하나님이 정하신 안식일, 안식년, 희년은 거룩한 제정이어서 타협이나 변경이 불가능합니다. 희년은 대속죄일에 시작되는데 예수 그리스도의 대속으로 시작되는 구원과 회복을 예표하고, 그 은혜로 참된 쉼을 누리는 영원한 안식의 그림자가 됩니다.

안식일을 위해선 엿새 동안, 안식년을 위해선 6년 동안, 그리고 희년을 위해선 49년 동안 삶과 일터 현장에서 최선을 다해야 합니다. 다시 말하면, 농사짓지 않아도 될 양식을 비축한 사람만 편히 쉴 수 있기 때문입니다.

안식일이 의미 없이 먹고 즐기는 날이 아닌 것처럼 안식년이나 희년도 하나님의 뜻을 따르고 이루는 해여야 합니다. 희년에 자유와 평등이 선포되는 것은 예수 그리스도의 십자가를 통한 영원한 자유와 평등의 예표이기 때문에, 그 자유와 평등이 방종의 도구가 되지 않게 해야 합니다.

"그리스도께서 우리를 자유롭게 하려고 자유를 주셨으니 그러므로 굳건하게 서서 다시는 종의 멍에를 메지 말라"(갈 5:1)라는 말씀을 따라야 합니다.

개척으로 시작한 50년 목회, 결코 쉽지 않습니다. 교회적으로 행사를 준비하는 것은 치하할 일입니다. 그러나 희년을 개인화하기보다는 성역 50년이나 목회 50년 감사예배 혹은 성역 50년 축하예식으로 하는 것이 바람직합니다.

목사님의 50년 긴 세월 목회를 축하합니다. 우리는 희년의 은총을 입은 사람들이어서 날마다 희년의 뜻을 이루며 살아가기 위해 노력해야 합니다.

목회 운영

교회에서 설교 강단을 지성소라 부르며 신을 벗도록 합니다

Q 제가 다니는 교회는 다른 곳은 다 신발을 신는데 설교 강단에서는 벗습니다. 지성소이기 때문이라고 합니다.

A 지성소는 구약시대 예루살렘 성전 안에 있던 거룩한 처소입니다. 정방형 방으로 하나님의 임재를 뜻하는 궤를 만들어 십계명과 만나 담은 항아리, 아론의 싹 난 지팡이를 안치했습니다.

지성소에는 1년 1회 대속죄일에 대제사장만 들어가 속죄를 위한 제사를 드렸습니다. 공개된 공간이 아니었습니다. 그러나 예수님이 십자가에 죽으실 때 지성소와 성소를 가리고 있던 휘장이 찢어졌고(마 27:51), 예수 그리스도의 피로 영원한 속죄를 이루시고 단번에 성소에 들어가셨습니다(히 9:12, 28). 해마다 반복되던 대제사장의 속죄제사를 완성하신 것입니다. 히브리서는 "예수 그리스도의 몸을 단번에 드리심으로 말미암아 우리가 거룩함을 얻었노라"(히 10:10)라고 말씀합니다.

현대 교회 건물 안에 지성소는 없습니다. 있어도 안 됩니다. 이유는 예수 그리스도의 속죄가 지성소의 제사를 완성했기 때문입니다. 그렇다고 하나님을 예배하는 공간을 극장, 식당, 카페, 커피숍, 체육관으로 만드는 것은 삼가야 합니다.

　구원받은 사람들, 하나님을 예배하는 사람들은 성도입니다. 하나님께 예배드리기 위해 지은 건물은 성전이고, 성전 안에 비치된 모든 기구들은 성구입니다. 하나님의 말씀을 기록한 책은 성경이고, 찬양하는 노래는 성가입니다. 설교단만 거룩한 곳이 아니고, 더욱이 지성소도 아닙니다.

　초기 한국 교회는 예배당 안에 신발을 벗고 들어갔습니다. 각자 신발 주머니를 지참하거나 신발장에 보관했습니다. 그러나 지금은 대부분의 교회들이 신발을 신고 드나듭니다. 강단에 오를 때 신발을 신는 교회도 있고 벗는 교회도 있습니다. 그러나 그곳이 지성소이기 때문은 아닙니다.

　우리가 예배드릴 때 유의해야 할 점은 형식보다 본질입니다. "너희가 내 앞에 보이러 오니 이것을 누가 너희에게 요구하였느냐 내 마당만 밟을 뿐이니라"(사 1:12)라는 말씀과 "하나님은 영이시니 예배하는 자가 영과 진리로 예배할지니라"(요 4:24)라는 말씀을 깊이 주목해야 합니다.

목회 운영

교회 공사 때 십자가를 옮기고 그 자리에 대형 스크린을 설치했습니다

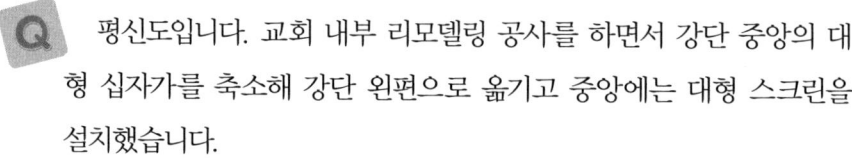

Q 평신도입니다. 교회 내부 리모델링 공사를 하면서 강단 중앙의 대형 십자가를 축소해 강단 왼편으로 옮기고 중앙에는 대형 스크린을 설치했습니다.

A 십자가는 고대 로마에서 사형수를 처형하는 사형틀로 사용했습니다. 십자가에 예수님이 처형되면서 구원의 십자가와 교회의 상징이 되었습니다.

십자가의 의미는 대형인가 소형인가, 금속인가 목재인가와 상관이 없습니다. 종탑에 있는가 실내에 있는가, 강단 중앙에 있는가 왼편에 있는가 하는 것도 문제가 아닙니다. 경우에 따라서는 십자가를 강단 전면에 설치할 수도 있고, 교회 입구에 설치할 수도 있습니다. 우리의 이해와 관심은 십자가에 못 박혀 죽으시고 우리를 구원하신 예수 그리스도 십자가라야 합니다.

사복음서를 기록한 사도들과 바울이 그토록 십자가를 강조하고 드러내려 했던 것은 십자가 자체가 아니라 거기 못 박혀 돌아가신 예수 그리스도이셨습니다.

바울의 십자가 신앙을 살펴보겠습니다. "십자가의 도가 멸망하는 자들에게는 미련한 것이요 구원을 받는 우리에게는 하나님의 능력이라"(고전 1:18). "내가 너희 중에서 예수 그리스도와 그가 십자가에 못 박히신 것 외에는 아무것도 알지 아니하기로 작정하였음이라"(고전 2:2). "그리스도 예수의 사람들은 육체와 함께 그 정욕과 탐심을 십자가에 못 박았느니라"(갈 5:24). "그러나 내게는 우리 주 예수 그리스도의 십자가 외에 결코 자랑할 것이 없으니 그리스도로 말미암아 세상이 나를 대하여 십자가에 못 박히고 내가 또한 세상을 대하여 그러하니라"(갈 6:14).

십자가는 지나간 일회적 사건이 아닙니다. 지금도 인간을 죄에서 구원하시는 하나님의 능력이자 복음의 핵심인 십자가를 전하는 것이 사명이라는 것이 바울의 선포입니다.

교회마다 영상 장비 설치가 유행입니다. 그러나 설치했던 십자가를 옮기고 대형 스크린을 설치하는 것은 생각해 볼 필요가 있습니다. 교회마다 실내 구조가 다르기 때문에 반드시 십자가를 강단 중앙에 설치할 이유는 없습니다. 그렇지만 십자가의 숭고한 가치가 대형 스크린에 밀리는 것은 바람직하지 않습니다. 대형 스크린은 문화 작품이고, 십자가는 하나님의 사건이니까요.

목회 운영

교회명 변경을 논의 중인데, 찬반 의견에 결정이 어렵습니다

Q 현재 사용 중인 교회 이름은 50년 전 개척 당시 마을 이름이어서 새 이름으로 바꾸려고 합니다. 그런데 찬반이 엇갈려 결정이 어렵습니다.

A 초기 한국 교회의 경우, 대부분 지역 명칭을 따라 이름을 정했습니다. 그러다가 교회 수가 많아지면서 다양한 이름을 짓기 시작했습니다.

교회 이름을 왜 바꿔야 하는지, 교회 이름 때문에 성장에 지장이 있는지를 먼저 고려해야 합니다. 교회 이름은 그 뜻도 중요하지만 부르기 편한 이름이라야 합니다.

그러나 교회는 개명으로 성장하는 것도, 이미지가 바뀌는 것도 아닙니다. 교회 됨은 이름으로 되는 것이 아니기 때문입니다. 예수 그리스도가 교회의 머리 되시는 교회, 성경대로 사는 그리스도인들이 모인 교회, 지역사회로부터 칭찬받는 교회가 바람직한 교회입니다.

교회 이름은 절대적인 것이 아니어서 새 이름으로 바꿀 수 있습니다. 그러나 찬반양론일 경우 찬만 믿고 반을 묵살하거나 외면하지 마십시오. 이름보다 중요한 것은 교회 자체입니다. 개명 때문에 찬반양론이 대립하고 양분되고 거기에 거룩한 힘을 소진한다면 무슨 의미가 있겠습니까? 그리고 50년 긴 세월 정든 이름을 바꾸는 데 목회자가 앞장선다면 다른 목양 사역에 파장이 미치게 될 것입니다. 결코 현명한 처사가 아닙니다.

역사가 오랜 교회 목회지가 있었습니다. 높은 종탑에 네온사인으로 만든 교회 이름을 설치하자는 의견을 제안했습니다. 대부분 찬성이었지만 몇몇 반대 의견도 있었습니다. 서두르지 않고 7년을 기다렸습니다. 교회의 존폐를 결정짓는 중요한 일도, 절대적 가치도 아니었기 때문입니다. '천천히, 확실하게!'의 목양 지혜가 필요합니다. 그 목사님은 현명한 목회 접근법을 선택한 것입니다.

천천히 때가 되면 이름을 바꾸십시오. 그리고 칭찬받는 멋진 교회를 일구는 데 우선순위를 두십시오.

목회 운영

예배 인도 때 목사 가운 대신 박사학위 가운 입어도 될까요?

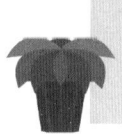

Q 담임목사로 청빙 받아 두 달 후에 부임하게 됩니다. 예배 인도나 설교 시 목사 가운을 꼭 입어야 하는지, 박사학위 가운을 입어도 되는지요.

A 최초의 예복은 아론이 착의했던 제사복에서 시작됩니다. 하나님께 드리는 거룩한 제사를 맡은 아론과 그의 아들들이 입을 예복에 관한 규례를 하나님이 정해 주셨습니다(출 28장). 그것은 제사의 거룩성과 차별화를 지키기 위함이었습니다.

일상생활은 평상복으로 가능하지만, 하나님께 드리는 제사 집례는 예복으로 갈아입어야 했습니다. 성의 착의에 관한 입장은 시대를 따라 변했고, 찬반양론으로 나뉘기도 했습니다. 아론이 집전하던 구약의 제사 시대는 지났습니다. 그러나 교회의 특수 절기나 성만찬 시, 그리고 성직자의 신분 구분을 위해 예복(성의)을 입기도 했습니다.

현대 교회의 경우 평상복을 입는 부류와 가운이나 스톨을 착의하는 부류로 나뉘고 있습니다. 반드시 성의를 입어야 한다는 원칙은 없습니다. 목회자의 신학적 입장에 따라 정할 수 있지만 사치스러운 복장이나 지나친 색상의 의상보다는 가운 착의가 바람직합니다. 설교자나 의상이 돋보일 이유가 없기 때문입니다.

아론의 경우 예복의 디자인과 제조 과정은 하나님이 주도하셨습니다. "네 형 아론과 그 아들들을 위하여 거룩한 옷을 지어 아론이 내게 제사장 직분을 행하게 하라"라고 하셨고(출 28:4), 제사장의 예복은 "회막에 들어갈 때에나 제단에 가까이하여 거룩한 곳에서 섬길 때에 입으라"라고 하셨습니다(출 28:43).

가운 착의를 하지 않는 경우라도 단정한 차림이어야 합니다. 박사학위 가운은 학위 수여식 때 착용하는 게 바람직합니다. 학위 가운이 자랑은 될 수 있겠지만 예배에는 걸맞지 않습니다. 예배 인도자는 하나님의 영광을 드러내고, 설교자는 하나님 말씀의 대언자임을 잊어선 안 됩니다.

설교

졸업반 신학생인데
바른 설교 용어가 고민됩니다

Q 신학교 졸업반입니다. 바른 설교 용어를 어떻게 선별해야 하는지요.

A 설교는 하나님의 말씀의 대언이고 성경의 재해석이며 선포입니다. 설교의 중요성 때문에 설교학이 존재합니다. 잘하는 설교보다는 바른 설교라야 하기 때문에 용어 선택도 중요합니다.

첫째, 정확해야 합니다. 애매모호한 표현, 어순에 맞지 않는 표현은 삼가야 합니다. '그렇게 보여집니다. 그렇게 생각되어집니다. 그랬던 것 같습니다' 등의 표현은 설교 용어로 부적절합니다. 예를 들면, '그렇게 믿었던 것 같아 보입니다'는 '그렇게 믿습니다'로, '천국이 있다고 생각되어집니다'는 '천국은 있습니다'로, '어려서 주일학교를 다녔던 것 같습니다'는 '어려서 주일학교를 다녔습니다'로 바꿔야 합니다.

둘째, 윤리적이라야 합니다. 은어, 비속어, 유행어 등을 남용하는 것은 삼가야 합니다. 그리고 지나친 신학적 용어나 원어 남발도 바람직하지 않습니다. 예화 선택도 진부한 이야기나 실존 인물을 거명하는 것은 피해야 합니다. 강단 용어가 바른 윤리의 틀을 벗어나면 선포되는 말씀이 훼손됩니다. 필요할 때 유머를 구사할 수는 있지만 전체를 유머로 메우는 것은 설교가 코미디화하는 것이어서 삼가야 합니다. 그리고 다른 사람의 글이나 설교를 인용할 수는 있지만 표절 시비에 휘말리는 것은 피해야 합니다. 인용과 표절은 절차도 다르고 결과도 같지 않습니다.

셋째, 성경적이라야 합니다. 설교에서 중요한 것은 전달과 소통입니다. 제아무리 명설교를 준비했더라도 전달과 소통이 이뤄지지 않으면 무의미합니다. 바로 여기에 함정과 제한이 있습니다. 소통을 위한다며 성경 외적인 사건이나 수사로 설교를 만들고 전달하려 든다든지, 반대로 정도를 걷는다며 성경 구절만 나열한다면 소통은 불통이 되고 맙니다. 성경을 바로 해석하고 전달하는 것은 설교자의 몫입니다.

설교는 내가 기도하고 내가 만들어야 폭발력이 커집니다. 다른 사람 흉내 낼 필요도 없습니다.

설교

출석 교회 목사님이 설교 때 원고 대신 아이패드를 사용하십니다

Q 제가 다니는 교회 목사님은 설교 시 원고 대신 아이패드를 사용하십니다. 교인들 반응이 엇갈리고 있습니다.

A 교인들 반응이 엇갈린다는 것은 좋다 나쁘다, 찬성이다 반대한다가 엇갈리고 있다는 말일 것입니다.

설교 내용과 준비, 그리고 전달은 전적으로 설교자 몫입니다. 그러나 설교에 대한 반응은 전적으로 듣는 사람들의 몫입니다. 설교는 원고를 작성하는 게 바람직합니다. 이유는 설교 시 불필요한 감정이 입을 막을 수 있고, 설교 시간을 조절할 수 있기 때문입니다. 그리고 설교 원고를 오랫동안 보존할 수 있습니다.

그렇다고 작성된 설교 원고를 그대로 읽는 것은 바람직하지 않습니다. 내가 만든 설교라도 충분히 익히고 선포해야 합니다.

설교는 원고 없이 하는 설교, 원고 설교, 그리고 아이패드나 컴퓨터를 활용하는 설교로 나눌 수 있습니다. 원고지에 썼느냐, 아이패드에 입력했느냐는 하는 것은 크게 문제 될 게 없습니다. 설교자의 기호와 역량을 따라 선택하면 됩니다.

아이패드의 종류와 값은 다양하고 기능은 뛰어납니다. 교회마다 첨단 영상기기를 설치하고 예배 프로그램을 띄웁니다. 그 탓으로 교인들은 성경, 찬송을 지참하지 않아도 됩니다. 문명의 흐름을 외면할 필요는 없겠지만 그렇다고 교회가 과학 교실화하는 것은 옳지 않습니다. 과학문명을 교회가 따라가기엔 속도가 벅차기 때문입니다. 그래서 교회는 전통과 발전의 균형을 지켜야 하고, 뒤따라가기에 급급하면 안 됩니다.

원고 설교냐 아이패드 설교냐보다 더 중요한 것은 어떤 설교냐입니다. 성경적인가 아닌가, 복음적인가 비복음적인가, 전달과 소통이 가능한가 아닌가를 분별해야 합니다.

필요에 따라 아이패드를 활용할 수 있습니다. 원고 설교든 아이패드 설교든 듣는 사람들이 공감하고 결단하는 역사가 일어나는 설교가 바람직한 설교입니다. 기교보다 본질에 충실한 설교라야 좋은 설교입니다.

설교

교수 출신 담임 목사 설교가
너무 어렵습니다

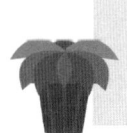

Q 저희 교회 목사님은 교수 출신이신데 설교가 너무 어렵습니다.

A 성경은 히브리어와 헬라어로 기록한 책입니다. 그리고 라틴어, 독일어, 영어, 중국어, 한국어로 번역되었고, 지금도 번역사는 계속되고 있습니다. 그 이유는 읽는 사람이 쉽게 접할 수 있고 이해하도록 돕기 위해서입니다. 원문 성경을 읽을 수 있는 사람은 제한적이기 때문입니다.

대부분의 이단은 성경 해석의 오류에서 출발합니다. 그래서 바로 읽고 해석하고 전해야 합니다.

설교는 계시된 하나님의 말씀을 해석하고 전하는 사역이어서 바름을 지키는 게 중요합니다. 설교자가 누구인가, 그리고 어떻게 해석하고 선포하는가에 따라 쉬운 설교가 될 수도 있고, 어려운 설교가 될 수도 있습니다.

성경은 쉬운 책이 아니어서 바른 해석이 어렵습니다. 그러나 사람을 위하여 사람의 문자로 기록했습니다. 설교의 경우 어려워야 할 이유가 없습니다.

설교를 듣는 대부분의 교인들은 신학자가 아닙니다. 어려운 진리를 쉽게 설파해야 합니다. 전달과 소통이 막힌 설교는 독백으로 끝나기 때문입니다.

설교를 듣는 사람의 경우도 듣고 이해하는 노력이 필요합니다. 찬송가를 예로 들겠습니다. 익히 부르는 찬송가 숫자는 제한적입니다. 어려운 찬송도 배우고 부르기 위해 노력해야 찬송의 영역이 넓어지고 다양해집니다. 쉬운 찬송만을 선별해 부르는 것은 바람직하지 않습니다.

설교는 전하는 사람과 듣는 사람 사이의 공감과 소통이 성립될 때 진가가 드러납니다. 설교는 하나님의 말씀의 선포이지, 지식 편람이 아닙니다. 알아듣도록 쉬운 설교를 해야 합니다. 그리고 듣는 사람은 지금 여기서 나에게 주시는 하나님의 말씀으로 경청해야 하고, 설교를 들을 때마다 인격적 결단이 일어나야 합니다.

설교

'설교에 목숨 걸라'고 하는데 왜, 어떻게 목숨을 걸어야 하나요?

Q 설교에 목숨을 걸라는 글을 읽었습니다. 왜, 어떻게 목숨을 걸어야 하는지요?

A 기도는 하나님이 대상이고, 설교는 사람이 대상입니다. 설교는 하나님의 말씀인 성경을 재해석하고 선포하는 것이고, 대상 역시 사람입니다. 구약의 예언자들은 하나님께 받은 말씀을 그대로 증언했고, 자의로 가감하는 사람은 거짓 예언자로 취급했습니다. 그래서 예언자들은 "여호와의 말씀이 내게 임했다"로 예언을 시작했습니다.

설교는 예언은 아니지만 하나님의 말씀을 전하는 사역이어서 예언 못지않은 책임이 뒤따릅니다. 그리고 진정성과 확실성이 전제되어야 합니다. 설교는 하나님의 말씀과 선포자, 그리고 듣는 사람 세 요소로 성립됩니다. 다시 말하면, 바른 해석과 전달, 그리고 소통과 결단이 이루어져야 합니다.

목회 사역 중 설교가 차지하는 비중은 높고 큽니다. 설교에 목숨을 걸라는 것은 설교 준비와 선포에 최선을 다하라는 것이지, 문자적으로 죽으라는 뜻은 아닙니다.

바울은 "날마다 죽노라"(고전 15:31)라고 했습니다. 그러나 죽음은 일회적 사건이기 때문에 날마다 죽는 것은 불가능합니다. 날마다 죽노라의 뜻은 날마다 수난을 견딘다, 순교적 각오로 일한다는 것입니다. 설교에 목숨을 건다는 것도 설교하다가 죽으라는 것이 아닙니다. 그런 각오와 결단으로 준비하고 선포하라는 것입니다.

설교자는 자신의 설교를 책임져야 합니다. 책임 없는 설교는 언어의 유희로 끝나고 맙니다. 설교하다가 강단에서 죽겠다는 목회자가 있었습니다. 하지만 그날 설교를 듣고 있는 교인들의 입장이나 반응이 어떨 것인가를 고려해야 합니다. 그리고 인생 마침표를 찍는 죽음은 시간과 장소, 그리고 상황 선택을 내가 하는 것이 아닙니다.

한 편의 설교가 듣는 사람들을 감동시키고 공감과 소통을 이루고 생명을 살리는 영적 사건이 되게 하려면 목숨을 거는 기도와 준비가 필요합니다. 대충 준비한 설교로 영적 변화를 기대하는 건 불가능합니다. 위대한 설교는 연구실이나 서재에서 만들어지지 않습니다. 땅바닥에 엎드릴 때 만들어집니다.

> 설교

목회 중 설교가 가장 힘든데 챗GPT로 만들어도 되나요?

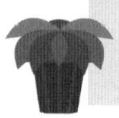

Q 중도시 목회 10년 차입니다. 다 어렵지만 설교가 가장 힘듭니다. 챗GPT가 만든 설교를 해도 되는지요?

A 다른 사람의 작품이나 글을 출처를 밝히지 않고 내 것인 양 옮겨 쓰는 것을 표절이라고 합니다. 다른 사람이 만든 설교를 내가 만든 것인 양 옮겨 쓰는 것은 설교 표절입니다.

챗GPT는 몇 가지 특징이 있습니다.

① 사용자 수가 급증하고 있습니다. ② 방대하고 다양한 정보가 입력되어 있습니다. ③ 답이 빠릅니다. ④ 시, 소설, 논문, 업무, 상담, 시험, 신학, 설교 등 광역화하고 있습니다. ⑤ 진행형입니다.

하지만 챗GPT는 과학의 산물일 뿐 전능자가 아닙니다. 설교는 단순한 지식 전달이나 인문학 강의가 아닙니다. 하나님의 말씀인 성경을 해석하고 그 뜻을 밝혀 선포하는 영적 사건이며, 인간의 영혼을 살리는 생명력이 설교의 뿌리입니다. 그래서 진정성 있는 영성과 기도, 바른 해석과 믿음으로 만들고 선포해야 합니다. 이해 충돌로 인한 사적 감정이 이입되어도 안 됩니다.

챗GPT가 명설교를 만들 수는 있을 것입니다. 그러나 영적 통찰이나 기도 없이 공장처럼 만드는 것은 설교가 아닙니다.

"모든 성경은 하나님의 감동으로 된 것으로 교훈과 책망과 바르게 함과 의로 교육하기에 유익하니 이는 하나님의 사람으로 온전하게 하며 모든 선한 일을 행할 능력을 갖추게 하려 함이라"(딤후 3:16~17).

하나님의 감동으로 된 성경 해석은 하나님의 감동으로라야 가능합니다. 설교 역시 하나님의 감동으로 작성되어야 합니다. 설교자들은 명설교, 멋진 설교, 환호하는 설교 유혹에서 벗어나야 합니다. 바른 설교, 삶의 설교, 성경적 설교에 최선을 다해야 합니다.

챗GPT에 대한 미련을 버리십시오. 내가 만든 내 설교라야 떳떳하고 힘이 있습니다.

설교

목사님이 전도를 강조하는데 시기적으로 맞지 않는다는 생각이 듭니다

Q 제가 다니는 교회 목사님은 전도를 강조하십니다. 하지만 때가 맞지 않는다는 생각이 들어 거부감이 일어납니다.

A 전도는 목사님의 사견이나 발상이 아닙니다. 예수 그리스도의 명령입니다.

"또 이르시되 너희는 온 천하에 다니며 만민에게 복음을 전파하라"(막 16:15)고 하셨고, "오직 성령이 너희에게 임하시면 너희가 권능을 받고 예루살렘과 온 유대와 사마리아와 땅끝까지 이르러 내 증인이 되리라"(행 1:8) 하셨습니다. 그리고 바울도 "너는 말씀을 전파하라 때를 얻든지 못 얻든지 항상 힘쓰라"(딤후 4:2) 했습니다.

전도는 내가 믿고 구원받은 예수 그리스도를 다른 사람에게 전하고 구원의 길로 인도하는 것입니다. 전도자가 되려면 성령님의 능력을 받고 구원의 확신과 영혼 구원의 열정이 전제되어야 합니다.

기독교는 2천 년 동안 칭송받은 경우보다 박해받고 공격받은 역사가 더 깁니다. 공격이나 박해 때문에 전도의 문을 닫았다면 교회도 문을 닫았을 것입니다.

전도를 망설이게 하는 것은 교회 책임도 있습니다. 그러나 전도는 예수 그리스도가 구주 되심을 전하는 것이지 교회를 전하는 게 아닙니다. 역사적으로 교회가 타락한 시대도 있었습니다. 교회는 사람들이 모여 이루는 공동체이기 때문입니다. 그러나 예수 그리스도는 비난받을 만한 잘못이나 부끄러운 일을 하신 일이 없습니다. 지상 교회는 유한하고 오류가 있을 수 있습니다. 그러나 교회의 잘못이 곧 예수 그리스도의 잘못은 아닙니다. 교회 구성원들의 부분적 잘못을 전체의 잘못으로 보는 것은 정당한 이해가 아닙니다.

전도 안 할 이유를 찾지 말고, 해야 할 이유를 찾으십시오. 그리고 가장 가까운 데서 전도 대상자를 찾으십시오. 내가 그리스도인이라는 증거는 그리스도를 구주로 고백하는가, 그리고 그 그리스도를 증거하는가로 확인됩니다. 부끄러워하거나 주저하지 마십시오. 예수 그리스도만 구원이시고, 길이시고, 생명이십니다.

설교

인공지능을 활용해 얻은 정보로 설교 준비해도 되나요?

Q 제주도에서 작은 교회를 목회하고 있는데 목회 정보를 접할 기회가 많지 않습니다. AI를 통해 정보를 얻고 설교를 준비하면 어떨까요?

A 설교자는 다양하고 정확한 정보가 필요합니다. 신학자 카를 바르트는 "한 손에는 성경, 한 손에는 신문을"이라는 말을 남겼습니다. 성경을 통해 하나님의 뜻을 발견하고 신문을 통해 세상 정보를 접해야 한다는 것입니다. 그러나 설교는 시사 해설도 아니고 새로운 정보 안내 창구도 아닙니다. 하나님의 말씀인 성경을 재해석하고 선포하는 것입니다.

교회 행정, 상담과 교육, 말씀 선포와 예배 인도 등 목회자가 담당해야 할 분야는 넓고 다양합니다. 그리고 설교는 늘 새로운 접근이 필요한 탓으로 준비 부담이 이만저만이 아닙니다. 설교를 듣는 사람은 정해져 있고 날이 갈수록 기대치는 높아가기 때문입니다. 거기다 TV, 인터넷, 유튜브 등을 통한 설교가 통제 없이 퍼지고 있어서 설교자들이 힘들어하고 있는가 하면 설교 쏠림이라는 기현상을 만들고 있습니다. 그리고 교인들은 주저 없이 설교를 비교하고 평가하고 있습니다. 그럴수록 설교는 창의적이라야 하고 내 설교라야 합니다. 다른 사람의 설교나 정보를 인용하는 것은 가능하지만 그 자료가 주어가 되는 것은 바람직하지 않습니다.

찬송 작사가 페니 크로스비의 찬송시들이 지금도 은혜를 지속하는 것은 '이것이 나의 간증이요 찬송'이라는 신앙과 고백 때문인 것처럼, 설교자 자신의 신앙과 고백, 삶과 간증으로 만든 설교일 때 영적 공감을 일으키게 됩니다.

현대 과학이 제공하는 정보들을 활용하십시오. 다른 사람의 설교도 연구하고 살피십시오. 그러나 그보다 더 중요한 것은 영적 씨름을 통해 만든 내 설교일 때 큰 감동과 공감이 일어나게 됩니다. 어떤 정보든 그대로 옮겨 쓰지는 마십시오.

설교

기독교를 전하거나 믿으라고 강요하지 말라는데…

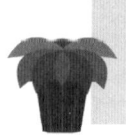

Q 교회에서 전도 훈련을 받고 있습니다. 훈련 강사로 오신 분이 기독교를 전하지 말라, 기독교를 믿으라고 하지 말라고 했습니다.

A 전도란 예수 그리스도를 믿고 구주 되심을 전하는 것입니다.

전하는 방법은 여러 가지일 수 있습니다. 전도는 명령이고 교회의 본질적 사명입니다. "오직 성령이 너희에게 임하시면 너희가 권능을 받고 예루살렘과 온 유다와 사마리아와 땅끝까지 이르러 내 증인이 되리라"(행 1:18)라고 하셨고, "너는 말씀을 전파하라 때를 얻든지 못 얻든지 항상 힘쓰라"(딤후 4:2)라고 했습니다.

전도는 선택 사항이 아닙니다. 구원받은 그리스도인이라면 예외 없이 전도하는 사람이 되어야 합니다. 절대 명령이기 때문입니다.

전도는 교회를 알리는 홍보 행사가 아닙니다. 교회는 사람들이 모인 공동체여서 약점과 허물이 있을 수 있습니다. 그리고 교회사에 의하면 긍정적 기여도 있었고, 부정적 기여도 있었습니다. 그러나 다른 공동체에 비해 교회만큼 그 시대에 선한 영향력을 끼친 공동체는 없습니다.

그렇다고 교회를 믿으라고 말하는 것은 전도 원리에 맞지 않습니다. 그 이유는 간단합니다. 기독교는 역사 변동을 따라 변할 수 있지만 예수 그리스도는 불변의 진리이기 때문입니다. "예수 그리스도는 어제나 오늘이나 영원토록 동일하시니라"(히 13:8). 그렇습니다. 불변의 진리는 오직 예수 그리스도이십니다.

기독교의 영향력 평가는 학자들의 연구 입장에 따라 다를 수 있습니다. 의도적으로 기독교의 존재나 역할을 부정적으로 접근하고 폄하하는 이들이 있습니다. 거기에 귀를 막을 필요는 없습니다. 자성의 소리로 들어야 하기 때문입니다. 그러나 전도하기가 어렵다, 전도의 문이 막혔다며 포기하는 것은 잘못입니다.

전도의 전제조건이 있습니다. 그것은 성령님이 주시는 능력을 힘입는 것 그리고 순수 복음 신앙을 회복하고 그리스도인으로서의 삶을 바르게 하는 것입니다. 전도 대상자들은 그리스도를 만나기 전 전도자를 만나기 때문이고, 그의 행위를 지켜보기 때문입니다.

"저 사람이 믿는 예수라면 나도 믿고 싶다", "저 교회라면 나도 가고 싶다"가 되어야 합니다.

Fourth 키워드

사
회
생
활

⋮

사회

은퇴했는데 주식투자 어떨까요?

Q 정년 은퇴한 사람으로, 사는 건 별 걱정이 없습니다. 지인으로부터 주식 투자를 권유받고 있습니다. 해도 될는지요?

A 가진 돈 은행에 넣어두지 말고 주식에 투자하라는 권유를 받으셨군요.

투자는 동전의 양면처럼 손익이 있습니다. 여윳돈이 있어서 손실을 걱정하지 않아도 될 상황이라면 마음 놓고 투자하십시오. 그러나 일확천금을 노리는 투자라면 삼가십시오. SNS에 '욕심내지 말고 살아라', '피땀 흘려 일하라', '97퍼센트가 3퍼센트를 위해 존재한다' 등 주식 투자에 관한 댓글들이 올라와 있습니다. 반대로 예찬하는 글들과 고수익을 올린 사례들, 주식동호회 댓글들도 있습니다.

경제는 국경이 없습니다. 그래서 주식 시장도 세계 경제 흐름과 맞물려 있다고 합니다. 모든 중독의 치료가 어려운 것처럼 주식 중독도 헤어나오는 것이 어렵습니다. 재산을 탕진한 사람, 극단적 선택을 하는 사람이 나오는 것은 중독성 때문입니다. 대박을 터트릴 수 있다는 소수의 경험담이나 조언에 흔들리지 마십시오. 돈 관리보다 선행되어야 할 것은 신앙과 인생 관리입니다.

노후의 삶에 대한 고민이 깊어질 수 있습니다. 그렇다고 지인의 권유를 따라 주식에 투자하는 일은 삼가는 게 옳습니다. 지인의 권유는 권유일 뿐 보장이나 책임이 아니기 때문입니다. 주식에 왕도가 없다고 합니다. 그만큼 성공 확률이 낮다는 뜻입니다. 이 말 저 말 따르다가 퇴직금 날렸다는 사람을 만난 일이 있습니다. 그 사람은 지금도 그때 그 실패를 가슴 아파 하고 있습니다.

천천히 생각하고 계획하십시오. 남의 말에 지나치게 귀 기울이지 마십시오.

몇 군데 성경 구절을 드립니다.

"나를 가난하게도 마옵시고 부하게도 마옵시고 오직 필요한 양식으로 나를 먹이시옵소서"(잠 30:8).

"돈을 사랑함이 일만 악의 뿌리가 되나니 이것을 탐내는 자들은 미혹을 받아 믿음에서 떠나 많은 근심으로써 자기를 찔렀도다"(딤전 6:10).

사회

술자리가 곤혹스럽습니다

Q 고교 동창 20여 명이 분기별로 모입니다. 그때마다 자리를 바꿔가며 술판을 벌이고 술을 강권하는 바람에 처신하기가 곤혹스럽습니다.

A 기독교인이라는 이유로 친구나 사회와 담을 쌓고 동굴에 갇혀 살 필요는 없습니다. 신앙생활은 단교나 단절로 성립되는 것이 아니기 때문입니다. 그러나 함께 멍에를 메는 것은 삼가야 합니다. 바울은 "종의 멍에를 메지 말라"(갈 5:1), "믿지 않는 자와 멍에를 함께 메지 말라"(고후 6:14)라고 했습니다.

오랜 우정을 나누고 삶을 돕고 뜻을 나누는 모임이라면 마다할 이유가 없습니다. 그러나 만나서 밥 먹고 술 마시기 위한 모임 정도라면 별 의미가 없어 보입니다.

술을 마시고 안 마시고는 개인의 선택과 자유입니다. 다시 말하면 강요하거나 강요당할 일이 아닙니다. 술 마시는 사람을 그 이유 하나만으로 정죄해도 안 되고, 마시지 않는 사람을 협박하거나 강요해선 안 됩니다. 바울은 디모데에게 "네 위장과 자주 나는 병을 위하여는 포도주를 조금씩 쓰라"(딤전 5:23)고 했습니다. 의원이나 치료제가 없었던 당시 만성 위장병을 앓고 있는 디모데에게 조금씩 포도주를 약으로 쓰라고 한 것입니다.

조금씩 쓰는 것과 폭음은 전혀 다릅니다. 구약 시대 나실인은 포도주를 입에 대지 않았고(민 6:3), 이방인이었던 레갑 사람들도 포도주를 마시지 않았습니다(렘 35:6).

술 없는 곳이 없습니다. 그러나 강요는 바람직하지 않습니다. 금주 사건 하나만으로 경건이나 거룩성이 인정되는 것은 아닙니다만 그러나 아무런 절제나 제동 없이 술 문화에 빠지다 보면 신앙 지키기가 어려워집니다. 노아도 술 때문에 실수했고(창 9:21), 주색에 빠진 개인과 집단 모두 무너졌습니다. 영화, 인터넷, 약물, 담배, 도박, 게임, 휴대폰 등 모든 중독은 인생을 망칩니다. 술 중독도 예외가 아닙니다. 술을 강요하는 것은 결코 바람직하지 않습니다.

성경은 교훈합니다. "술 취하지 말라 이는 방탕한 것이니 오직 성령으로 충만함을 받으라"(엡 5:18).

사회

직장상사가 기독교인인데 자기중심적입니다

Q 직장 상사는 기독교인이고 휴대전화 메신저 프로필에도 감사하라는 성경 말씀이 적혀 있지만 정작 자기밖에 모르는 행동으로 동료들의 원성을 사고 있습니다.

A 교인, 신자, 제자 세 종류의 사람이 있습니다.

교인이란 등록 여부를 떠나 교회를 다니는 사람입니다. 정한 교회를 출석할 수도 있고 유튜브로 교회를 순회하거나 쇼핑하는 사람을 교인이라 부릅니다.

신자는 예수 그리스도를 영접하고 구원의 확신을 고백하는 사람으로, 그리스도인이라 부르기도 합니다.

제자는 그리스도의 삶을 따르고 실천하는 사람입니다.

교인은 숫자를 셀 수 있습니다. 그러나 신자의 수를 세는 것은 쉽지 않습니다. 이유는 개인적 고백이 전제되어야 하기 때문입니다. 가장 어려운 것은 제자도의 삶을 사는 것이고 숫자도 적습니다. "나더러 주여 주여 하는 자마다 다 천국에 들어갈 것이 아니요 다만 하늘에 계신 내 아버지의 뜻대로 행하는 자라야 들어가리라"(마 7:21)라는 말씀을 숙고할 필요가 있습니다.

수년 전 통계청 자료에 따르면, 우리나라 기독교인 인구가 9백만이었습니다. 그러나 그들이 다 거듭난 그리스도인도 아니고, 제자도의 삶을 사는 것도 아닙니다.

한국 교회가 당면한 과제는 교인 대비 그리스도인과 제자가 적다는 것입니다. 교회가 비판의 도마 위에 오르는 것도 '주여' 부르는 소리가 작기 때문이 아닙니다. 드러난 삶의 모양이 이즈러져 있기 때문입니다.

부모가 바른 신앙의 소유자인가는 가족 구성원이 알고, 그가 참된 그리스도인인가 하는 것은 동료들이 압니다. 다양한 치장으로 자신을 감출 수는 있겠지만 오래 못 갑니다. "화 있을진저 외식하는 서기관들과 바리새인들이여 회칠한 무덤 같으니 겉으로는 아름답게 보이나 그 안에는 죽은 사람의 뼈와 모든 더러운 것이 가득하도다"(마 23:27). 추상같은 책망입니다.

이런저런 모양으로 자신이 교인임을 표현하는 것 자체가 잘못은 아닙니다. 그러나 그보다 더 중요한 것은 "저 사람은 그리스도인이다. 인격과 삶이 존중받아 마땅하다. 닮을 만한 사람이다"라는 호평을 받는 것입니다. 그것이 바로 빛과 소금이 되는 것입니다.

사회

크리스천 연예인이 고사 지내거나 목탁 두드리는 모습 보이는데…

Q 크리스천이라고 공공연하게 밝혀온 연예인들이 가게를 오픈할 때 돼지머리를 차려놓고 고사를 지내거나 목탁을 두드리는 모습이 방영된 일이 있었습니다.

A 돼지머리 고사는 중국에서 시작되었다고 합니다. 평안이나 번영을 위한 일종의 제사입니다. 요즘은 종이나 떡으로 만들고 3D 프린터로 만든다고 합니다.

목탁은 불교에서 예불이나 독경 시 사용하는 것입니다. 돼지머리 고사가 복을 주고 번영을 준다면 세상은 온통 복으로 차고 넘칠 것입니다. 그러나 그것은 전래 풍습일 뿐 복과는 전혀 무관합니다.

불교인이라면 개업 시 목탁을 치는 것이 가능할 것입니다. 그러나 목탁이 사업의 번영을 가져다주는 것이 아닙니다. 사람이 사람에게 복을 주는 것도 불가능합니다. 복을 빌 수는 있습니다만 크리스천이 하나님의 복을 구하지 않고 돼지머리나 목탁에 의존하는 것은 신앙적 발상이 아닙니다.

교인은 교회에 출석하는 사람이고, 그리스도인은 예수 그리스도를 믿고 고백하는 사람입니다. 구원받은 그리스도인이라면 개업을 포함한 범사를 신앙적 자세로 이해하고 접근해야 합니다. 더욱이 연예인이라면 영향력 범위가 넓습니다. 평소 자신이 크리스천이라는 걸 밝힌 사람이라면 신·불신을 떠나 파급력이 큽니다.

크리스천 연예인은 공인입니다. 공인은 자신의 언행을 책임져야 합니다. 그리고 자신의 언행이 미칠 사회적 영향을 생각해야 합니다. 각 분야의 지도자들도 예외가 아닙니다. 우리 시대 지도자들의 문제는 말과 행동의 이중성과 책임질 줄 모르는 삶의 태도입니다. 그 사람의 행동 때문에 다른 사람이 시험에 빠지거나 상처를 입는다면 책임을 면할 수 없습니다. 삶의 현장에서 선한 영향력을 미치는 크리스천이라야 바로 믿고 바로 사는 사람입니다.

복을 주시는 분도(신 1:11), 평강을 주시는 분도 하나님이십니다(살후 3:16). 각처에서 그리스도를 아는 냄새를 나타내는 사람들이 참그리스도인입니다(고후 2:14).

사회

대중 식당에서 교인들이 큰 소리로 떠드는데…

Q 대중 식당에서 교인들이 큰 소리로 떠들고 식사기도하는 모습이 좋아 보이지 않았습니다.

A 공공장소일 경우 공중도덕을 지켜야 합니다.
대중 식당의 경우 다양한 계층의 사람들이 식사하는 곳이기 때문에 큰 소리로 떠들거나 기도하는 것은 삼가는 게 좋습니다. 식당의 경우 각자 기도하거나 대표로 조용하게 기도할 수 있습니다. 기도를 부끄러워하는 것도, 기도하노라며 공중도덕을 해치는 것도 잘못입니다. 기도의 장소는 구분이 없지만 때와 길이, 내용과 방법은 분별해야 합니다.

누가복음 18장 11절 이하에 나오는 두 사람의 기도를 비교해 보겠습니다. 바리새인은 서서 따로 큰 소리로 자신의 의를 자랑하며 기도했습니다. 그러나 세리는 멀리 서서 감히 눈을 들어 하늘을 쳐다보지도 못하고 가슴을 치며 자신의 죄를 고백하는 기도를 드렸습니다. 두 기도에 대한 예수님의 평가는 "내가 너희에게 이르노니 이에 저 바리새인이 아니고 이 사람이 의롭다 하심을 받고 그의 집으로 내려갔느니라"(눅 18:14)였습니다.

'기도는 교회에서 해야 하고 대중 식당에서는 아니다'라는 기준은 없습니다. 언제 어디서나 쉬지 않고 기도해야 합니다. 그러나 기도가 자기과시의 방편이 되는 것은 옳지 않습니다. 다시 말하면, 기도를 많이 한다, 성경을 많이 읽고 공부한다는 것들이 자랑거리가 되면 안 됩니다.

"사람에게 보이려고 그들 앞에서 너희 의를 행하지 않도록 주의하라"(마 6:1).

"또 너희는 기도할 때에 외식하는 자와 같이 하지 말라 그들은 사람에게 보이려고 회당과 큰 거리 어귀에 서서 기도하기를 좋아하느니라 내가 진실로 너희에게 이르노니 그들은 자기 상을 이미 받았느니라"(마 6:5).

두 구절을 바른 기도에 대한 교훈으로 새겨야 합니다.

그리스도인의 언행은 공공성을 파괴하거나 민폐가 되면 안 됩니다. 대중 식당은 다양한 계층의 사람들을 위한 열린 공간이라는 것, 교인들만을 위한 전용 식당이 아니라는 점을 유의해야 합니다.

지탄받는 일은 삼가는 게 좋습니다.

사회

안수집사지만 회사 골프 모임으로
주일 못 지키고 봉사가 어렵습니다

Q 저는 교회에서 안수집사이고 대기업의 부장입니다. 주말마다 골프 모임이 있어서 주일 지키는 일과 교회 봉사가 어렵습니다. 아내와 두 아이는 불평이 많고 저도 괴롭습니다.

A 기독교인이라고 해서 취미 생활을 외면할 필요는 없습니다. 골프를 즐기는 것 자체가 잘못은 아닙니다.

문제는 어느 정도냐 하는 데 있습니다. 골프도 중독성이 있다고 합니다. 주중에는 회사를 위해 일하고 주말에는 골프를 치면, 가족과는 언제 만나 따뜻한 대화와 정을 나누는지요. 아내나 두 자녀가 불평을 할 정도라면 위험수위를 넘었다고 봐야 합니다.

살아가는 데 중요한 것들이 많습니다. 그러나 가장 중요한 것은 신앙과 가정입니다. 신앙은 하나님과의 바른 관계를 통해 영혼이 사는 길이고, 가정은 삶의 안식처이기 때문입니다. 체력 단련이나 취미 생활이 신앙의 걸림돌이 되는 것도, 그리고 가정을 상처 난 공동체로 만드는 것도 바람직하지 않습니다. 반복해서 교회를 안 나가다 보면 내성이 생기고, 교회나 가정보다 골프에 쏠리게 됩니다. 남편이나 아빠에게 거는 가족들의 기대, 그리고 골프 때문에 가나안 교인으로 변신해 가는 자신의 모습을 맑은 시선으로 바라보십시오. 프로골프 선수가 될 것도 아니지 않습니까.

예배가 무너지면 신앙이 무너지고, 신앙이 무너지면 인생이 무너집니다. 핑곗거리를 찾지 마십시오. 건강을 위해 체력을 단련해야 하니까, 많은 사람을 만나야 하니까, 교회가 마음에 안 드니까, 시간 여유 됐을 때 나가면 되니까, 나만 그러는 거 아니니까, 아내는 이해하니까, 아이들은 다 컸으니까 등 핑계를 찾지 마십시오.

아닙니다. 골프보다 더 중요한 것을 놓치지 마십시오. 더 많이 괴로우셔야 합니다. 이쯤에서 결단하고 더 성숙한 주말을 설계하십시오. 다행히 주말은 토요일과 주일이 겹칩니다. 멋진 주말 계획을 위해 지혜를 동원하십시오. 골프팀과 어울리는 것 못지않게 가족과 손 잡는 시간도 만드십시오.

골프 치십시오. 그러나 더 소중한 것을 놓치지 마십시오. 정제된 판단력을 동원하십시오.

> 사회

배우가 꿈인데 승려 배역을 맡게 된다면 어떻게 해야 하나요?

Q 연기 수업 중인 사람입니다. 몇 차례 단역으로 출연하기도 했습니다. 제 꿈은 배우가 되는 것인데 훗날 불교 주지 승려 역을 맡게 된다면 어떻게 해야 할까요?

A 2004년에 개봉된 영화 〈패션 오브 크라이스트〉는 예수님의 수난을 다룬 작품으로, 멜 깁슨이 감독을 맡고 짐 카비젤이 예수 역을 맡았습니다. 대박을 터트린 영화로 알려져 있습니다.

그러나 예수 역을 맡았던 카비젤이 곧 예수는 아닙니다. 연기자였을 뿐입니다. 승려 역을 맡는다고 곧바로 불자가 되고 승려가 되는 것은 아닙니다. 그러나 상황은 변합니다. 삭발을 해야 하고, 승복으로 갈아입어야 하고, 목탁을 두드려야 하고, 불경을 읽고 예불을 해야 합니다.

가령 목사인 제가 그런 역을 맡는다면 어떻게 처신해야 할까요.

기독교를 논리적으로 공격하기 위해 성경을 읽기 시작한 승려가 있었습니다. 결국 그는 승복을 벗고 목사가 되었다고 합니다.

문제는 연기자의 마음과 적성에 맞는 배역 선택이 쉽지 않다는 것입니다. 더욱이 기독교인 연기자에게 알맞은 연기 폭은 좁습니다. 영화나 드라마의 경우 술, 담배, 폭력이 대세를 이루고 있어서 적응도 어렵습니다.

답을 정리해 보겠습니다. 주지승 역은 불교인이 하는 게 좋습니다. 그리고 배역을 선택할 수 있는 명연기자 대배우가 되십시오. 그리고 〈벤허〉나 〈십계〉 같은 기독교 영화 제작을 꿈꾸십시오. 한국 문화가 세계화하고 있지만 기독교 문화 현장은 극도로 열악합니다. 그리고 문화적 공세를 막아낼 방패도 허약합니다. 선교 초기만 해도 기독교가 문화를 선도했지만 지금은 아닙니다.

기독교인인 제작자에게 기독교 영화를 만들어 보라고 했습니다. 그의 대답은 '흥행이 안 된다'였습니다.

기독교 문화를 정착시킬 책임도 우리 몫입니다. 다행스러운 것은 각 문화 현장에서 많은 그리스도인들이 사역의 폭을 넓혀가고 있다는 것입니다. 문화 현장에서 선교적 사명을 다하는 이들에게 격려를 보냅니다. 이 땅에 하나님의 공의가 운행하고 그의 나라가 임재하도록 최선을 다하십시오.

사회

기독 정치인들이 선거철에 사찰에 가는 게 괜찮은가요?

Q 선거철이 되면 여야 가릴 것 없이 정치인들이 각 종교단체를 찾아 갑니다. 기독 정치인들이 사찰을 찾아가는 것은 어떤지요.

A 오고 가는 예방을 탓하거나 금할 필요는 없습니다. 정치인들이 교회나 사찰을 방문하는 것은 표 때문입니다. 그러나 방문 자체만으로 표가 쏟아지는 것은 아닙니다. 그리고 정치적 역량이나 리더십과는 상관없이 같은 종교인이라는 이유만으로 지지하는 것은 바람직하지 않습니다. 종교 지도자를 뽑는 게 아니고 나라를 위해 일할 사람을 선택하는 일이기 때문입니다.

기독 정치인이 종단 본부나 사찰을 방문하게 될 경우 사전 조율이 필요합니다. 먼저 방문 의사 전달과 함께 자신이 기독교인임을 밝혀야 합니다. 그리고 방문이 성사되면 기독교인으로서 지켜야 할 '선'을 넘어서면 안 됩니다.

교회 오면 기독교인, 사찰에 가면 불자, 성균관에 가면 유생, 심지어는 무속 단체까지 기웃거리는 정치인이라면 정치 소인에 불과합니다. 불교 정치인이 기독교 단체나 교회를 방문할 수도 있습니다. 방문은 방문일 뿐 특별한 의미를 부여할 필요는 없습니다. 누구라도 예방과 답방은 가능하니까요.

우리에겐 천의 얼굴을 가진 지도자보다는 소신과 진정성 있는 지도자가 필요합니다.

오래전 종교 지도자 모임에서 불교 대표가 했던 말이 떠오릅니다. 단풍철이 되면 수많은 관광팀이 산과 사찰을 방문합니다. 그런데 기독교인들은 사찰 경내에서 떠들고 기념 촬영하고 여기저기 살피고 어떤 팀은 둘러서서 기도까지 한다며 예의를 지켜주면 좋겠다고 했습니다.

입장을 바꿔보겠습니다. 불교인들이 사전 예고도 없이 교회를 구경한다며 찾아와 떠들고 이곳저곳 기웃거리고 큰 소리로 불경을 외운다면 어떻게 되겠습니까?

단풍 구경이라면 사찰을 방문할 필요가 없습니다. 종교 이념이나 신앙을 떠나 기본적인 예의는 지키는 게 옳습니다. 의도적으로 비난한다든지 공격하는 것도 바람직한 처사는 아닙니다. 삶의 현장에서 우리 모두 기독교인다움을 지키면 좋겠습니다.

사회

약사가 되어 많은 사람 돕고 싶은데 어떤 자세로 기도해야 하나요?

Q 미국 위스콘신 매디슨 대학에서 약학을 전공하고 있습니다. 약사가 되어 많은 사람을 돕고 싶습니다. 어떤 자세로 기도해야 할까요?

A 1896년 찰스 M. 쉘던이 쓴 《예수님이라면 어떻게 하실까?》(*In His Steps: What would Jesus do?*)라는 기독교 소설이 있습니다. 거액 유산 상속녀, 소프라노 가수, 대학 총장, 신문사 사장, 그리고 뜻을 함께하는 사람들이 모여 '예수님이라면 어떻게 하실 것인가'를 생각하고 뜻을 나누고 방법을 찾습니다. 그리고 각자 일터와 삶의 현장에서 예수님처럼 생각하고 실천하는 운동을 벌여나갑니다. 쉘던은 목회자였기 때문에 소설을 통해 신앙과 삶의 일치와 균형을 이루고 싶었을 것입니다.

예수님이나 바울처럼 전적 희생과 헌신의 삶을 사는 것은 쉽지 않습니다. 우선 열심히 공부하십시오. 하나님의 사람으로 인정받도록 하십시오. 물은 그릇만큼만 담을 수 있습니다. 큰 그릇, 쓸모 있는 그릇이 되십시오. 세계를 담을 그릇을 만드십시오.

그리고 다른 사람을 위한 삶은 반드시 성공한 뒤에야 가능한 것은 아닙니다. 지금 여기서 내가 할 수 있는 일은 무엇인가, 어떻게 남을 도울 수 있는가를 생각하십시오.

우리에게 중요한 시제는 오늘 여기입니다. 그리고 내가 어떤 사람이 될 것인가, 어떤 일을 할 것인가 비전을 디자인하십시오. 우리 시대는 이기적 가치관이 기승을 부리고 있습니다. 자신의 안일과 성공을 위해 다른 사람을 짓밟는가 하면 수단과 방법을 가리지 않습니다. 그러나 그리스도인의 인생관과 가치관은 예수님의 자취를 따르는 것입니다.

하나님이 인간의 몸을 입고 세상에 오셨습니다. 우리는 그 사건을 성탄절로 기념합니다. 그분은 베들레헴 구유에 나셨습니다. 낮고 천한 베들레헴 사람들을 구원하시기 위해서였습니다. 자라신 곳은 변두리 동네 나사렛이었습니다. 갈보리에서 못 박히셨습니다. 그걸로 끝난 게 아닙니다. 부활 승천하셨고 재림하십니다.

약은 사람을 이롭게, 병을 고치기 위해 만들고 계속 발전해 첨단화하고 있습니다. 약학의 대가가 되십시오. 사람의 영혼을 살리고 고치는 약사가 되십시오. 그리고 그런 약사가 되고 하나님의 일꾼이 되게 해달라고 기도하십시오.

> 사회

형편상 주일 성수 못하고 가게 문 여는 게 마음에 걸립니다

Q 저는 미국 LA에 있는 한인 교회 안수집사입니다. 인터넷으로 상담을 애독하고 있습니다. 형편상 주일에도 마켓 문을 열어야 합니다. 주일 성수가 늘 걸립니다.

A 구약의 경우 안식일 지키는 것은 절대적 계명이었습니다. 그러나 세월이 흐르면서 안식일의 기본 신앙은 사라지고 변질되기 시작했습니다.

오래전 성지순례 중 예루살렘에 있는 호텔에 투숙한 일이 있었습니다. 금요일 오후가 되자 유대인 가족들이 호텔로 모여들었습니다. 안식일에는 모든 일을 중단해야 하는데 집에 있으면 식사 준비하는 일 등 안식일을 범하게 되기 때문이라고 했습니다. 그리고 18층 호텔 엘리베이터 각 층마다 서도록 버튼이 눌려 있었습니다. 안식일에 버튼을 누를 수 없기 때문이라고 했습니다. 그들은 식당을 가득 메운 채 먹고 마시고 떠들고 즐기며 안식일을 범하고 있었습니다.

우리는 안식일의 주인이신(마 12:8) 예수님이 부활하신 주일을 지킵니다. 그날은 주님을 예배하고 말씀을 배우고 성도의 교제를 나누는 날입니다. 유대인들처럼 날의 속박을 받을 필요는 없습니다. 하지만 일요일은 쉬는 날, 놀러 가는 날이라며 일상에서 해방된 기분으로 자신을 위한 취미나 오락에 빠지는 것은 바른 태도가 아닙니다.

주일을 성수하기 위해 안식일 규례를 그대로 적용하는 것은 불가능합니다. 자동차를 타는 것, 매식하는 것, 사람 만나는 것, 일하는 것 등 모두가 안식일을 범하는 죄목들이기 때문입니다.

주목할 것은 하나님이 정하신 안식일은 사람을 속박하고 괴롭히기 위한 날이 아니었다는 것입니다.

"하나님이 그 일곱째 날을 복되게 하사 거룩하게 하셨으니"(창 2:3).

주일은 예수님이 다시 사신 날, 영원한 생명과 구원을 주신 날이라는 감격으로 예배드리는 날이라야 합니다. 주일의 근본 정신은 놓치고 형식만으로 고민할 필요는 없습니다.

일터 현장에서 예배를 드리는 것은 어떨까요? 일터 교회! 바람직하다고 봅니다.

사회

야곱이 하란에서 재산을 증식한 방법에 문제는 없나요?

Q 야곱이 하란에서 재산을 많이 모았다고 합니다. 그의 재산 증식 방법에 문제는 없었는지요.

A 야곱은 출생부터가 예사롭지 않았습니다. 에서의 발뒤꿈치를 잡은 채 태어났기 때문입니다. 그러나 훗날 브니엘의 씨름을 거쳐 이스라엘이라는 이름을 얻게 됩니다. '이스라엘'의 뜻은 하나님과 겨루어 이겼다는 것입니다.

그는 아버지와 형을 속인 것이 화근이 되어 외삼촌 라반이 살고 있는 하란으로 도피하게 됩니다. 그리고 20년을 머물면서 부를 이루게 됩니다. 당시 재산은 가축이었습니다. 그는 라반의 가축을 돌보는 대가로 짐승 새끼를 받기로 계약을 맺습니다. 정당한 계약이었습니다. 20년 긴 세월, 낮에는 더위와 밤에는 추위를 무릅쓰고 눈 붙일 겨를도 없이 최선을 다했습니다(창 31:40). 라반의 가축을 돌보며 특유의 기지를 동원했지만 속이거나 훔친 일은 없었습니다. 결과는 "그 사람이 매우 번창하여 양 떼와 노비와 낙타와 나귀가 많았더라"(창 30:43)였습니다. 그러나 라반은 야곱을 열 번이나 속이며 품삯을 바꾸곤 했습니다(창 31:41).

고향으로 돌아오는 야곱의 걸림돌은 형 에서였습니다. 그는 에서를 위해 소, 양, 염소, 낙타 등 550마리를 선물로 준비합니다. 큰 목장 규모입니다. 계산 빠른 야곱이 에서를 위해 짐승 떼 전체를 선물로 내어놓진 않았을 것입니다. 야곱의 재산 규모를 짐작할 수 있습니다.

야곱의 삶이 주는 교훈이 있습니다. 그것은 하나님 신앙입니다. "하나님이 이같이 그대들의 아버지의 가축을 빼앗아 내게 주셨느니라"(창 31:9), "하나님이 내 고난과 내 손의 수고를 보시고 어제 밤에 외삼촌을 책망하셨나이다"(창 31:42).

그러나 야곱이 이스라엘이라는 새 이름을 얻게 된 것은 브니엘에서 하나님을 만났기 때문입니다(창 32:28).

야곱은 꾀가 많은 사람이었지만 속이거나 훔친 일은 없습니다. 그리고 깊은 수렁에 빠질 때마다 하나님을 만났습니다.

사회

내과의사인데 주일에 응급 환자 돌봐야 할 때 주일 성수가 고민됩니다

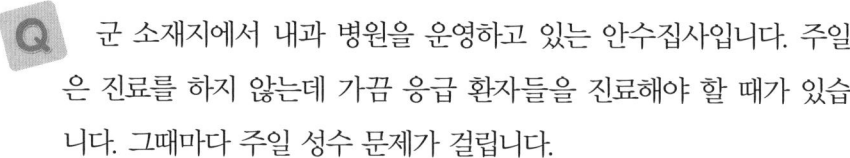

Q 군 소재지에서 내과 병원을 운영하고 있는 안수집사입니다. 주일은 진료를 하지 않는데 가끔 응급 환자들을 진료해야 할 때가 있습니다. 그때마다 주일 성수 문제가 걸립니다.

A 예수님도 안식일 문제로 유대인들과의 충돌이 있었습니다.

안식일에 손 마른 사람을 고치셨을 때 유대인들은 시비를 걸었습니다(마 12:10). 안식일에 밀밭 사이를 지날 때 제자들이 밀 이삭을 잘라 먹었습니다. 역시 유대인들은 왜 안식일에 해선 안 될 일을 했느냐며 시비를 걸었습니다(눅 6:2).

베데스다 연못가에 많은 병자, 맹인, 다리 저는 사람, 혈기 마른 사람들이 누워 물의 움직임을 기다리고 있었습니다. 그들은 모두 만성병 환자이거나 불치병 환자들이었습니다. 38년 된 환자를 고치신 후 "네 자리를 들고 걸어가라"고 하셨습니다. 이때도 유대인들은 왜 안식일에 병자를 고쳤느냐, 왜 안식일인데 자리를 들고 걸어가라고 했느냐며 시비를 걸었습니다.

예수님의 대답은 "양 한 마리가 있어 안식일에 구덩이에 빠졌으면 끌어내지 않겠느냐 사람이 양보다 얼마나 더 귀하냐 그러므로 안식일에 선을 행하는 것이 옳으니라"(마 12:11~12)였습니다. 그리고 "인자는 안식일에도 주인이니라"(막 2:28)라고 하셨습니다.

유대인들은 문자적 안식일을, 예수님은 안식일의 주인으로서 기본 정신을 강조하신 것입니다. 지금도 유대인들은 안식일에 매여 있습니다. 그러나 안식일의 근본 정신은 고려하지 않습니다.

주일 성수도 예외일 수 없습니다. 놀러 가고, 오락을 즐기고, 예배를 멀리하는 것은 주의 날을 범하는 잘못입니다. 주5일 근무제가 도입되면서 주일 성수가 더 어려워졌습니다. 토요일과 일요일은 여가 선용이나 휴식을 즐기는 시간이 되기 때문입니다.

진료를 쉬는 날이지만 응급 환자라면 진료하는 게 맞습니다. 그런 경우 예수님의 안식일에 대한 이해가 도움이 될 것입니다. 단, 진료비는 보험 처리가 되겠지만 무료 진료라면 더 보람될 것입니다.

불쌍하고 아픈 사람들을 대하시던 예수님처럼 그 심정으로 환자를 대하고 진료하는 명의가 되시길 바랍니다.

사회

프로 골퍼로서 대회가 주말에 열리다 보니 주일 성수가 어렵습니다

Q 저는 여중 3학년 때부터 골프를 시작해 지금은 프로 선수로 활동하고 있습니다. 아직 우승은 못했고, 대회가 대부분 주말이어서 주일 예배 드리는 일이 어렵습니다.

 주일예배를 걱정하는 마음가짐이 아름답습니다.

한국의 경우 등록된 프로골퍼의 숫자는 남자 5천여 명, 여자 2천 5백 명이고, 계속 증가해 1만 명 시대가 올 것이라고 합니다. 각종 대회가 시즌 따라 열리지만 우승은 하늘의 별 따기이고, 골프의 대중화는 경비와 시간 소요 때문에 어렵다고 합니다.

신앙을 걱정하는 골퍼라면 왜 골프를 하는가, 우승의 목적은 무엇인가를 먼저 생각해 볼 필요가 있습니다. 웨스트민스터 소요리 문답의 제1문은 "사람의 제일 되는 목적은 무엇인가"이고, 답은 "하나님을 영화롭게 하며 영원토록 그를 즐거워하는 것이다"입니다. 존재 이유, 일하는 이유가 하나님의 영광을 드러내고 하나님과의 관계와 교제를 즐거워하는 것이라는 것입니다.

이름을 내고 우승 트로피를 치켜드는 선수가 되십시오, 그리고 상금 순위 서열 첫 번째에 이름을 올리십시오. 그러나 그것보다 왜 골프를 하는가, 왜 우승을 해야 하는가, 누구를 위해서인가를 숙고하십시오.

연말이 되면 방송사마다 연예대상 시상식을 진행합니다. 그리고 수상 소감을 얘기합니다. 감독님께, 스태프들에게, 함께 출연한 동료들에게, 부모님께 등 고마운 사람들을 거명합니다. 그들 중 "하나님께 영광과 감사를 드립니다"라는 수상자들이 있습니다. 공식 행사에서 자신의 신앙 정체성을 밝히는 것은 대단한 용기가 아니면 어려운 일입니다.

중요한 것은 그리스도인으로서 정체성을 찾는 것입니다. 선수로 활동하는 동안 경기가 끝난 후 숙소에서 온라인이나 TV를 통해 예배를 드리십시오. 머잖은 날 우승 트로피를 높이 들고 "하나님께 감사드립니다"라며 기뻐하는 모습을 볼 수 있길 바랍니다.

사회

신입 사원은 어떤 각오로 직장 생활을 해야 하나요?

Q 2025년 1월부터 모 대기업에 취업해 신참으로 출근하게 됩니다. 어떤 각오로 직장 생활을 해야 하는지 가르쳐주십시오.

A 새해, 일터에서 일하게 된 것을 축하합니다. 그리스도인의 직업관은 차별화되어 있습니다. 보람되고 의미 있고 가치 있는 일터가 되길 바라며 몇 가지 조언을 하겠습니다.

첫째, 하나님이 나를 그곳 일터로 보내셨다는 것을 믿어야 합니다.

일하고 연봉 받고를 되풀이하는 생계 수단의 차원을 넘어 나를 그곳으로 부르셨다는 소명감을 확인하십시오. 하등동물도 생존을 위해 활동합니다. 그리스도인이라면 하는 일이 생계 수단에 머물면 안 됩니다.

둘째, 그리스도인의 정체성을 지켜야 합니다.

자신이 기독교인임을 부끄러워하거나 주저하지 마십시오. 물론 그러기 위해선 정체성에 대한 책임이 뒤따르게 될 것입니다. 양자택일이 가능합니다. 기독교인임을 드러낼 수도 있고, 감출 수도 있습니다. 직장에선 비기독교인, 교회에선 기독교인으로 변신하는 이중성은 옳지 못합니다. 빛과 소금이 되라는 말씀을 기억하십시오(마 5:13~14).

셋째, 최선을 다하십시오.

능력이나 역량은 개인차가 있기 때문에 모든 사람이 동일한 역량을 발휘하는 것은 불가능합니다. 그러나 자신이 맡은 일에 최선을 다하는 것은 당연한 일입니다. "맡은 자들에게 구할 것은 충성이니라"(고전 4:2). 여기서 말하는 충성은 최선을 다하라는 것입니다. 세 사람에게 나눠준 달란트는 각각 달랐습니다. 그러나 한 달란트 받은 사람은 최선을 다하지 않은 탓으로 어두운 데로 쫓겨났고, 가진 것도 빼앗겼습니다. 저 사람은 꾀부리지 않고 최선을 다한다는 평가를 받도록 하십시오.

그리고 맡은 일을 기쁨으로 하십시오. 억지로 마지못해 하는 일은 강제 노동이 될 것입니다.

"내 아버지께서 이제까지 일하시니 나도 일한다"(요 5:17)라는 말씀을 날마다 묵상하십시오.

Christian Q&A

삶을 풀다

1판 1쇄 인쇄 _ 2025년 9월 10일
1판 1쇄 발행 _ 2025년 9월 15일

지은이 _ 박종순
펴낸이 _ 이형규
펴낸곳 _ 쿰란출판사

주소 _ 서울특별시 종로구 이화장길 6
편집부 _ 745-1007, 745-1301~2, 747-1212, 743-1300
영업부 _ 747-1004, FAX 745-8490
본사평생전화번호 _ 0502-756-1004
홈페이지 _ http://www.qumran.co.kr
E-mail _ qrbooks@daum.net / qrbooks@gmail.com
한글인터넷주소 _ 쿰란, 쿰란출판사
페이스북 _ www.facebook.com/qumranpeople
인스타그램 _ www.instagram.com/qrbooks
등록 _ 제1-670호(1988.2.27)
책임교열 _ 김준표·박은아

© 박종순 2025 ISBN 979-11-24013-01-4 03230

책값은 뒤표지에 있습니다.
이 출판물은 저작권법에 의해 보호를 받는 저작물이므로 무단 복제할 수 없습니다.
파본(破本)은 구입처에서 교환해 드립니다.